신화와
축제의
땅

그리스
문명
기행

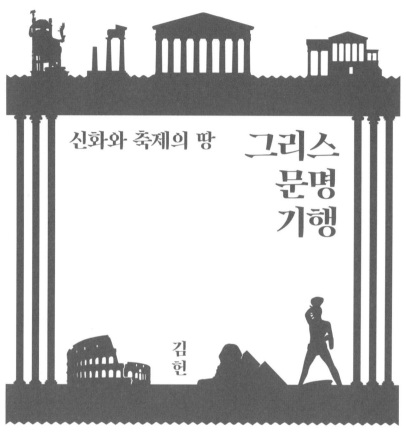

신화와 축제의 땅

그리스
문명
기행

김헌

아카넷

아테네 아크로폴리스

자연이 선사하는 그 선명한 대조의 풍경 속에서 의연하게 돋보이는 것들이 있었다. 지금은 비록 폭풍에 휩쓸린 폐허처럼 잔해만 남아 있지만, 수많은 신들을 위해 세운 신전들의 가지런한 터와 우뚝 솟은 기둥들의 위용이다. 아테네의 아크로폴리스에 건장하게 터를 잡은 파르테논 신전은 많이 부서졌고 복원의 길이 아직도 멀어 보이지만, 원래의 모습을 상상하기에는 충분한 잔해들이다. 이제 여러분과 함께 달려볼 그리스의 풍경은 현재 남아 있는 유적들과 그에 관련된 오래된 기록들, 그리고 그것들이 나에게 불러일으킨 감성과 상상이 결합된 현장이다. 특히 '신화'와 '축제'라는 열쇳말을 가지고 고대 그리스 세계의 감추어진 비밀의 문을 조심스럽게 열어보려고 한다.

그리스

에게해

델피

아테네

에페

올림피아

이오니아해

산토리니

크레타

이집트

로마

카르타고

몰타

튀니지

지중해

터키

르도스

예루살렘

알렉산드리아

차례

프롤로그

전쟁과 모험의 끝에서 오뒷세우스의 후예들은 잔치를 벌였다   9

1부
그리스
문명을
찾아서

1 우승자여, 불멸의 명성을 얻으리라
  ::: 이스트미아 제전 :::   21

2 진혼의 제전, 아들을 가슴에 묻다
  ::: 네메이아 제전 :::   35

3 최고의 신 제우스를 위한 축제 :
  ::: 올림피아 제전 :::   48

4 매혹의 여신 아프로디테를 숭배하던 코린토스
  ::: 아프로디시아 제전 :::   63

5 활짝 핀 문명, 비극으로 막을 내리다
  ::: 뮈케네 문명 :::   77

6 치유의 역사가 이루어지는 거룩한 신전
  ::: 아스클레피오스 신전 :::   89

7 생명과 부활의 밀교의식
  ::: 엘레우시스 제전 :::   102

8 파르나소스산에서 신들과 함께 제전을 즐기다
  ::: 퓌티아 제전 :::   115

2부
**그리스
본토를 떠나
에게해로**

9 찬란한 고대 역사를 품다
::: 델로스 :::   131

10 풍요의 여신 아르테미스의 도시
::: 에페소스 :::   146

11 태양의 신 헬리오스의 도시
::: 로도스 :::   158

12 아테나 신전을 품은 아크로폴리스
::: 린도스 :::   169

13 제우스의 고향에서 유럽 문명이 시작되다
::: 크레타 :::   182

14 크레타에서 아테네로 가는 길에서
::: 산토리니 :::   195

15 소크라테스의 죽음과 아테네의 쇠락
::: 아테네 :::   210

16 함께 자책하고 정화하다, 오이디푸스처럼
::: 아테네 :::   223

3부
**에게해를 넘어
지중해로**

17 이집트에 새겨진 그리스의 흔적을 찾아서
::: 알렉산드리아 :::   237

18 로마의 건국 신화를 만나다
::: 카르타고 :::   250

19 로마를 꿈꾸다
::: 몰타 :::   261

찾아보기   273

일러두기
- 고유명사는 고대 그리스어의 실제 발음에 가깝게 표기하는 것을 원칙으로 하였고 일부는 현재 통용되는 발음을 허용했다.
- 원어와 한자는 의미상 필요한 경우에만 병기했다.
- 인용문은 모두 저자가 번역한 것이다.
- 수록된 사진은 출처가 표시된 것 외에는 모두 저자가 제공한 것이다.

전쟁과 모험의 끝에서
오뒷세우스의 후예들은 잔치를 벌였다

찬란한 계절에 그리스로 가다

2019년 5월 30일 목요일, 여행용 가방을 끌고 인천공항으로 갔다. 공항으로 향할 때면 항상 마음이 들뜬다. 처음 떠오르는 단어는 '자유'다. 한국을 떠난다는 것은 일상을 벗어나 미지의 세계로 들어간다는 것을 의미하며, 그것은 나를 이렇게 저렇게 묶고 있는 일들과 인간관계에서 해방시키기 때문이다. 일행과 함께 로마로 가는 비행기를 탔다. 최종 목적지는 아테네였지만, 직항이 없었기 때문에 로마를 거쳐야 했다. 기항지가 유럽의 다른 도시가 아니라 로마라는 사실은 내게 각별한 감회를 느끼게 한다. 내가 그리스 로마 고대 문명을 공부하는 서양고전학자인 까닭이다. 현지 시각으로 5월 31일 자정을 넘겨 아테네에 도착했다. 일정의 첫날은 인천에서 아테네로 이동하느라 지나갔고, 본격적인 문명 답사는 도착 다음 날부터였다.

5월에서 6월로 넘어가던 그리스는 눈부시게 찬란했다. 눈 시리게 파란 하늘에 태양이 작열했고, 햇살의 날카로운 창끝이 내리 꽂히는 척박한 땅은 누런 피부를 드러내며 가쁜 숨을 몰아쉬고 있었다. 하늘만큼 푸르른 에게해는 크루즈가 쟁기질을 하며 묵직하게 나아갈 때마다 구름처럼 하얀 포말을 거칠게 뿜어냈다. 강렬한 햇빛과 상쾌한 바람이 온몸의 감각을 싱싱하게 일깨울 때, 하늘과 땅과 바다가 뚜렷한 색채로 맞닿아 대조되며 윤곽선이 뚜렷해지고, 서로가 서로를 선명하게 부각하며 어우러져 세상은 더욱더 맑게 돋보였다. 그리고 난 깨달았다. 왜 옛 그리스의 철학자들이 세계를 구성하는 원초적 물질을 물과 불과 흙과 바람(공기), 이 네 가지로 사유했는지를. 그리스인들이 그 모든 자연의 근본 요소들을 단순한 물질이 아닌, 살아 숨 쉬며 역동하는 신들이라 여기면서 숭배하며 찬양하였는지를.

그리고 자연이 선사하는 그 선명한 대조의 풍경 속에서 의연하게 돋보이는 것들이 있었다. 지금은 비록 폭풍에 휩쓸린 폐허처럼 잔해만 남아 있지만, 수많은 신들을 위해 세운 신전들의 가지런한 터와 우뚝 솟은 기둥들의 위용이다. 가장 대표적인 유적은 아테네의 아크로폴리스에 건장하게 터를 잡은 파르테논 신전이다. 많이 부서졌고 복원의 길이 아직도 멀어 보이지만, 원래의 모습을 상상하기에는 충분한 잔해들이다. 이제 여러분과 함께 달려볼 그리스의 풍경은 현재 남아 있는 유적들과 그에 관련된 오래된 기록들, 그리고 그것들이 나에게 불러일으킨 감성과 상상이 결합된 허구들이다. 하지만 역사적 사실에 최대한 가깝게 다가서려는 진지한 복원의 노력이 만들어낸 것이니, 어이없이 자의적인 것만은 아니다. 특히 '신화'와 '축제'라는 열쇳말을 가지고 고대 그리스 세계의 문을 조심스럽게 열어보려고 한다.

축제와 문명의 현장으로

그리스에 도착한 후 나의 첫 여정은 이른바 4대 '범汎그리스 제전 Panhellenic festival'의 개최지를 찾는 것이었다. 고대 그리스인들의 가장 중요한 축제였으며, 지금도 여전히 전 세계인이 함께 즐기는 축제로 거행되는 올림피아 제전을 비롯해, 전 그리스인들이 함께 모인 퓌티아, 이스트미아, 네메이아 제전을 4대 제전이라 부른다. 이 가운데 가장 큰 축제는 단연 올림피아 제전이었다. 그리스 최고의 신 제우스를 기념하는 축제로서 펠로폰네소스반도 서쪽의 올림피아라는 도시에서 4년마다 열렸다. 퓌티아 제전은 태양의 신 아폴론을 기리는 축제다. 아폴론 신전이 있던 델피에서 열렸는데, 아폴론의 예언을 듣기 위해 그리스인들은 물론 이방인들까지도 이곳으로 왔다고 한다. 그렇게 동네방네 소문이 나서인지, 산꼭대기의 작은 도시인데도 그리스인들을 불러 모으는 강력한 흡인력이 있었다.

위 두 축제가 4년마다 열렸던 반면, 이스트미아와 네메이아 제전은 모두 2년마다 같은 해 봄과 가을에 열렸다. 이스트미아는 펠레폰네소스반도로 들어오는 길목에 있는 코린토스 가까이에 있는 도시인데, 올림피아처럼 이스트미아 역시 도시 이름 그대로 축제의 이름이 되었다. 코린토스가 항구도시인 까닭에 이스트미아 제전은 바다의 신 포세이돈을 주신主神으로 하는 축제였다. 네메이아 제전은 이스트미아에서 올림피아로 가는 길에 위치한 네메이아에서 열렸다. 헤라클레스가 처음 개최하였다는 전설의 축제로서 그의 아버지인 제우스가 축제의 주신이다. 이상의 4대 제전은 달리기를 중심으로 한 운동 시합의 축제였고, 그리스 각지에서 사람들이 모여들었다. 그래서 이를 범그리스 제전이라 부른다.

4대 제전 이외에도 고대 그리스의 문화적·정치적 중심지였던 아테네의 주요 제전들을 살펴볼 것이다. 독자들에게는 다른 무엇보다도 비극경연대회가 열렸던 대大디오뉘소스 제전이 가장 익숙할 것이다. 그러나 고대 아테네인들에게 가장 중요한 축제는 도시의 수호신인 아테나 여신의 생일을 축하하는 판 아테나이아 제전이었다. 아크로폴리스 언덕을 오르며 아테나 여신상을 위한 화려하고 장엄한 대규모 행렬을 벌이며 공동체의식을 고양하고 아테네의 위용을 만천하에 뽐내었던 축제였다.

이와 같이 그리스 문명사의 흐름을 대표하는 주요 유적지를 둘러보면서, 가능한 한 각 유적지에서 개최한 다양한 축제를 그려보려고 한다. 물론 방문하는 모든 곳에서 축제를 이야기할 수 있는 것은 아니다. 축제와 관련된 자료나 유물이 적은 곳에선 문명사적인 이야기만을 펼칠 수도 있다. 글의 배치는 최대한 방문했던 순서를 지키려고 했지만, 문명사의 흐름을 따라 앞뒤를 바꾼 경우도 있다. 열하루 일정의 첫 번째 그리스 문명 답사에서는 일단 최초의 유럽 문명인 미노아 문명의 중심지 크레타와 산토리니, 그 뒤를 이어 본격적으로 그리스 본토에서 피어난 뮈케네 문명의 중심지 뮈케네, 그리고 암흑기와 상고기를 거쳐 그리스 고전기를 꽃피운 아테네를 둘러보았다. 이를 출발점으로 삼아

작년(2020년)과 올해(2021년) 두 차례의 그리스 문명 답사를 계획했었는데 무산되고 말았다. 그놈의 코로나19 때문이었다. 세월이 좋아져 그 계획을 실현할 수 있다면 정말 좋겠다.

알렉산드로스의 흔적을 찾아서

첫 번째 답사에서 방문한 곳을 중심으로 그리스 역사를 고전기까지 이야기할 수 있다면, 그 이후의 그리스의 역사는 위대한 정복자 알렉산드로스 대왕의 행보를 따라 이야기할 수 있다. 그는 그리스를 통합하고 코린토스에서 범그리스 동맹을 결성한 후, 페르시아를 치러간다. 그 첫 번째 계획은 소아시아(지금의 터키)의 서쪽 해변을 따라 내려가 마침내 이집트에 이르는 것이었다. 이 원정의 상징적인 장소는 바로 이집트 북서부 해안, 지중해와 맞닿아 있는 알렉산드리아다. 알렉산드로스는 바로 이곳을 자신의 거대한 왕국의 중심지로 삼아 '지중해의 아테네'로 만들고자 했고, 자신의 이름을 영원히 남기기 위해 도시의 이름에 새겨 넣었다. 그는 뛰어난 지휘관에서 불세출의 영웅으로 거듭났으며, 사후에는 신격화되어 종교적 숭배의 대상이 되었다. 첫 번째 그리스 문명 답사를 마치고 약 8개월 뒤인 2020년 1월 16일부터 26일까지 지중해 문명 답사를 떠났다. 알렉산드로스의 자취를 찾고자 이집트의 알렉산드리아로 향했던 것이다.

그리스의 역사는 알렉산드로스의 페르시아 원정에서 정점에 이르렀다. 그가 죽은 후, 그의 후계자들은 세력 다툼으로 분열되었고, 그

다툼의 와중에 하나씩 하나씩 몰락해갔다. 그들을 무너뜨린 것은 지중해 세계의 후발 주자였던 로마였다. 로마가 지중해의 패권자가 되기 전에 그리스는 지중해의 동쪽을 지배했던 반면, 서쪽은 페니키아인들이 세운 카르타고의 영역이었다. 조금씩 세력을 확장하던 로마가 카르타고와의 맞대결을 피할 수 없었다. 세 차례에 걸친 전쟁을 승리로 장식하면서 로마는 지중해로 활짝 나아갈 수 있었다. 이 전쟁에서 여러분은 한니발 장군의 이름을 기억하고 있을 것이다. 그리고 마침내 로마는 알렉산드리아를 중심지로 삼았던 그리스의 마지막 왕조인 프톨레마이오스 왕조를 무너뜨리면서 지중해 전체를 자신들의 바다로 만들었다. 카이사르와 클레오파트라, 안토니우스와 옥타비아누스 등 화려한 이름들이 등장한 시기였다. 이 책의 마지막 부분에는 고대 지중해 문명사에서 그리스와 함께 빼놓을 수 없는 카르타고와 로마 이야기를 넣었다. 지금의 튀니지는 카르타고의 거점이었고, 작은 섬 몰타도 카르타고의 땅이었는데, 그곳을 들르며 느꼈던 점을 이야기할 것이다.

이 모든 여정을 따라가면서 고대 그리스 역사를 이야기하고, 그 이야기의 뼈대 위에 유적을 소개하면서 신전과 축제의 현장감을 살리고자 한다. 당연히 관련 신화가 빠질 리 없다. 정치, 군사, 외교, 경제와 같은 묵직한 항목들이 역사를 이끌어나가는 큰 힘을 이룬다는 사실을 부인하지는 않겠지만, 사람들의 삶에 그에 못지않게 중요한 요소들, 즉 신화와 종교, 축제와 문화가 고대 그리스의 역사를 이루었음을 기억하며 이 길을 가려고 한다. 그리고 그 힘이 어떤 것이었는지, 그리고 어떻게 역사를 만들어냈는지를 다시 생각해보려고 한다. 여기에 더해 그리스와 함께 고대 지중해 문명을 형성했던 카르타고와 로마의 이야기를 살짝 덧붙일 것이다.

가장 아름다운 일, 축제

그리스에 관해, 특히 문화와 신화적 측면에서 이야기를 꺼낼 때, 가장 적절한 시작은 역시 호메로스다. 트로이아 전쟁을 배경으로 한 두 편의 위대한 서사시 《일리아스》와 《오뒷세이아》를 쓴 전설적인 시인이다. 그와 함께 서양문학사가 시작되고, 그리스 로마 신화가 본격화되며 나아가 서양 문명이 싹텄다고 해도 좋겠다. 그러니 우리도 여행을 시작하기 전에 그를 만나보자. 그의 두 번째 작품 《오뒷세이아》에서는 나의 여정과 관련해서 아주 중요한 물음이 던져진다. "이 세상에서 가장 아름다운 것은 무엇인가?" 이에 대해 주인공 오뒷세우스는 주목할 만한 답을 내놓는다.

그는 트로이아 전쟁에 징집되어 10년 동안 전쟁을 치르다가 목마 작전을 성공시켜 전쟁에 마침표를 찍은 영웅이다. 지난한 전쟁을 끝냈지만 집으로 돌아가는 일 또한 고되고 힘들었다. 귀향하는 데 다시 10년이 걸렸다. 마지막 순간에는 쪽배에 몸 하나 겨우 싣고 바다를 건너다가 거센 폭풍을 만나 죽을 뻔했다. 간신히 목숨을 건져 도착한 곳은 알키노오스 왕이 다스리던 섬이었다. 왕은 오뒷세우스를 따뜻하게 환영하고 수많은 사람들을 왕궁으로 불러들여 성대한 잔치를 베풀었다. 다양한 운동 경기가 열려 빼어난 젊은이들이 힘을 겨루는 볼거리를 제공했으며 악기 연주와 노래로 흥을 돋우었다.

이를 바라보던 오뒷세우스는 감회를 털어놓았다. "알키노오스 왕이시여, 목소리가 신들과도 같은 노래꾼의 노래를 듣는다는 것은 정말 아름답습니다. 이보다 더 큰 즐거움이 어디 있겠습니까? 사람들의 마음엔 기쁨이 가득하고, 잔치에 참여한 사람들은 다닥다닥 붙어 앉아 집 안 곳곳에서 그의 노래를 듣습니다. 어디 그뿐인가요? 식탁마다 빵과 고기가 가득 차려져 있고, 술동이에서 시동들이 술을 가져다가 술잔 가득 따라줍니다. 이것이야말로 이 세상에서 가장 아름다운 일입니다." 20년의 전쟁과 모험으로 심신이 온통 너덜너덜해진 오뒷세우스가 사람들이 축제를 즐기는 모습을 보고 감격하며 허심탄회하게 털어놓은 말이니, 그 말 그대로 믿어도 좋다.

두 번째 문명 답사에서 나는 몰타 북쪽에 있는 고조라는 이름의 작은 섬을 방문했다. 오뒷세우스가 알키노오스의 궁전으로 오기 전에 폭풍에 난파된 후 도착한 곳이라고 한다. 그곳에서 그는 칼립소라는 아름다운 여신을 만났다. 그녀는 오뒷세우스에게 반했고, 그를 자기 곁에 영원히 두려고 마음먹었다. 매일 흥겨운 축제를 벌였고 맛있는 음식을 제공하고 아름다운 뉨페(요정)들이 그를 시중들게 했다. 오뒷세우스는 밤마다 육체적인 쾌락을 탐닉했다. 그러나 그는 낙원을 뒤로하고 다시 바다로 뛰어들었다. 왜 그랬을까? 그는 왜 한갓 인간들의 축제를 보고 세상에서 가장 아름다운 일이라고 했을까? 인간들의 축제가 아무리 화려하고 흥겹다 한들, 여신과 요정들이 베푸는 축제에 비교할 수 있을까? 그러나 그는 죽을 수밖에 없는 인간들이 함께 어우러져 먹고 마시고 노래 부르며 떠드는 축제를 보고 감탄했던 것이다.

슬픔과 고통을 달래는 축제

축제에 관해서는 오뒷세우스와 쌍벽을 이루는 최고의 전사 아킬레우스의 이야기도 빼놓을 수 없다. 그도 원하지 않는 전쟁에 끌려갔고, 목숨을 걸고 10년 동안 싸웠으며 전투마다 놀라운 전공을 세웠다. 하지만 그는 그에 상응하는 대접을 받지 못했다. 오히려 총사령관 아가멤논에게 모욕을 당했고 아끼던 여자까지 빼앗겼다. 분노한 아킬레우스는 앙심을 품고 전쟁에서 빠졌다. 그런데 그 때문에 가장 사랑하던 친구 파트로클로스를 잃었다. 슬픔과 분노가 폭발하여 전쟁터에 다시 뛰어든 아킬레우스는 친구를 죽인 적장 헥토르를 단칼에 쓰러뜨렸다.

복수를 완수하고 전투에서 돌아온 그는 친구의 죽음을 애도했고, 애도의 뒤끝을 씻어내기 위해 성대한 잔치를 벌였다. 전쟁의 와중에 축제라니! 달리기와 창던지기, 활쏘기, 권투, 레슬링, 그리고 마차 경기까지. 건장한 사내들을 사로잡을 번쩍번쩍한 상품이 내걸리자 전사들은 전투에서 사생결단의 힘을 다하듯이 경기에 참여하여 격렬하게 경쟁했다. 이를 지켜보는 병사들은 함성을 지르며 응원을 보냈다.

죽은 자의 넋을 위로하고 그의 이름을 드높이는 예식이었지만, 전우들의 가슴속에 맺힌 우정을 다지고 애도의 응어리를 함께 털어내는 씻김굿이었다. 그리고 망자처럼 언젠가는 죽을 수밖에 없는 자신들의 운명에 대한 불길한 예감을 떨쳐내려는 거룩한 의식이었다. 그렇게 아킬레우스와 전우들은 죽은 친구에게 온 힘을 다해 예를 표했다. 살아남은 자들의 애통함과 두려움을 한바탕 축제로 승화시켰던 것이다. 그리고 그들은 죽음이 도사리는 전쟁터로 다시 비장한 발걸음을 옮길 수 있었다. 죽을 수밖에 없는 운명이기에 이 짧은 삶은 찬란하고, 그 찬란함의 정점에 축제가 있었다. 축제는 죽을 수밖에 없는 인간이 죽음을 잊고 영원한 존재인 신들과 하나가 되는 현장이기도 했다. 아니, 오히려 불멸의 신들을 기리면서 자신들의 삶이 언젠가는 없어질 것임을 가슴 깊이 새기는 역설의 순간이었다.

오뒷세우스와 아킬레우스의 후예들은 다양한 축제로 살아가던 사람들이다. 각 도시마다 고유한 성격의 축제를 열어 자칫 따분할 시간의 흐름을 활기차게 채워나가면서, 축제와 떼어놓고 생각할 수 없는 삶의 주기를 만들어나가며 찬란한 문명과 고유한 역사를 일구었다. 이제 그 현장으로 가보자.

1부

그리스 문명을
찾아서

1

우승자여,
불멸의 명성을 얻으리라

::::: 이스트미아 제전 :::::

아이기나섬을 기약하며

그리스 문명 탐사의 둘째 날, 본격적인 첫 일정은 5월의 마지막 날 아침 일찍 시작되었다. 범그리스 4대 제전 가운데 펠로폰네소스반도에 있는 세 개 제전의 현장을 찾아가기로 했다. 아테네를 출발하여 이스트미아와 네메이아를 거쳐 올륌피아에 도착하는 일정이었다. 우리 일행은 두 팀으로 나뉘었다. 한 팀은 나와 함께 올륌피아로 가고, 다른 팀은 느지막이 하루를 시작하여 아테네 가까이에 있는 아이기나섬을 방문하기로 했다. 그리고 그다음 날, 갈라졌던 두 팀이 코린토스에서 합류하기로 했다.

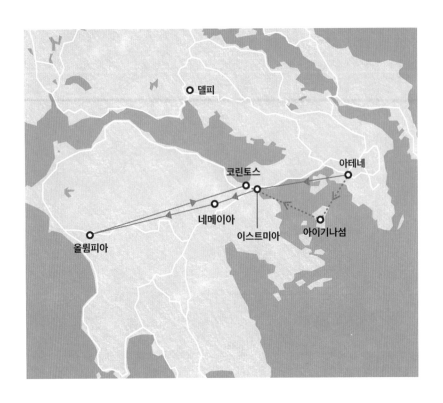

다른 팀이 찾아간 섬의 이름 '아이기나'는 원래 제우스가 사랑하는 아름다운 뉨페의 이름이었다. 그녀는 강의 신 아소포스와 강의 요정 메토페 사이에서 태어났다. 그녀를 보고 반한 제우스는 독수리로 변신하여 납치를 감행했다. 졸지에 딸을 잃은 아소포스는 사방을 헤매다가 코린토스까지 갔다. 시쉬포스가 아소포스에게 제우스가 그녀를 납치했다는 사실을 알려주었다. 그러나 제우스가 번쩍이는 벼락을 던지며 아소포스를 위협하자, 깜짝 놀란 아소포스는 급히 강물 속으로 숨었다. 추격을 따돌린 제우스는 아이기나를 데리고 오이노네라는 섬으로 갔다. 아테네가 있는 아티카 지방과 펠로폰네소스 사이의 바다 가운데 있던 섬이다. 제우스가 아이기나를 그곳에 살도록 하면서 섬의 이름이 그녀의 이름으로 바뀌었다.

제우스와 사랑을 나눈 아이기나는 아이아코스라는 아들을 낳았다. 제우스는 아이기나와 아이아코스 둘이 섬에서 외롭게 지내는 것을 딱하게 여겼다. 그는 개미들을 사람으로 변신시켰다. 개미들이 두 다리로 일어서서 사람이 되자, 나머지 여섯 개의 발이 모두 손이 되었고, 검고 단단한 피부는 튼튼한 갑옷이 되었다. 고대 그리스어로 개미는 '뮈르멕스'였기에 그 이들을 '뮈르미도네스'라 불렀다. 그들은 함께 뭉쳐 싸울 때, 막강한 전투력을 발휘하는 천하무적의 전사들이 되었다. 아이아코스는 펠레우스와 텔라몬을 낳았고, 그 가운데 펠레우스는 바다의 여신 테티스와 결혼하여 트로이아의 전쟁 영웅 아킬레우스를 낳았다. 펠레우스는 뮈르미도네스들을 데리고 아이기나섬을 떠나 테살리아의 프티아에 정착하였고, 아킬레우스는 그 전사들과 함께 트로이아 전쟁에 참전하여 혁혁한 전공을 세웠다.

이 섬에는 도리아 양식으로 세워진 신전이 남아 있다. 아파이아 여신을 위한 것이었다. 소박하면서도 위엄 있게 솟아 있는 기둥들이 매우 씩씩해 보인다. 아파이아 여신은 대략 기원전 14세기부터 아이기나섬 주민들이 섬겨왔던 토종 신으로 보인다. 그러나 나중에 그리스 본토 여러 나라와의 교류가 많아지고, 특히 아테네에 복속되면서 아파이아 여신은 아테나 여신이나 아르테미스 여신과 동일시되곤 했다. 나는 올림피아로 가는 경로를 선택했기 때문에 이번 답사에서는 아이기나를 들르지 못했지만, 그곳을 방문한 팀원들이 실시간으로 보내주는 사진을 보면서 조금이나마 안타까움을 달랠 수 있었다.

도리아 양식으로 세워진 아이기나섬의 신전. 아파이아 여신을 모셨다.

이스트미아를 방문한 알렉산드로스

마케도니아의 필립포스 2세는 그리스인들을 통합하는 '코린토스 동
맹'을 결성했다(기원전 337년). 이 군사적 동맹의 궁극적인 목표는 페르
시아 원정이었다. 일찍이 페르시아는 세력을 확장하면서 에게해를 건
너 그리스 본토를 두 차례나 크게 침략한 바 있었다(기원전 390년과 380
년). 아테네와 스파르타가 힘을 합쳐 이들의 공격을 물리쳤지만 페르
시아의 야욕은 잦아들지 않았다. 그들은 그리스 도시국가들의 분열과
갈등을 조장하며 호시탐탐 새로운 침략의 기회를 엿보고 있었다. 이런

힘겨운 격동기에 그리스의 통합을 주장하며 나아가 페르시아에 대한 군사적 원정을 역설한 지식인이 있었다. 아테네의 이소크라테스였다. 그는 필립포스에게 직접 편지를 보내, 그리스의 위기를 돌파할 주인공이 되어달라고 촉구했다. 필립포스는 코린토스 동맹의 결성으로 답했다. 그러나 원대한 꿈을 이루기 직전에 필립포스는 급작스럽게 암살을 당했다.

그 꿈의 실현은 그의 아들 알렉산드로스의 과업이 되었다. 20세의 젊은 나이에 왕위에 오른 알렉산드로스는 흔들림 없이 그 과업을 수행해 나갔다. 기원전 334년, 알렉산드로스는 동맹의 회의를 개최하였고 페르시아 원정을 공식 결정하였으며 총사령관으로 공표되었다. 그 역사적인 장소가 바로 코린토스의 이스트모스였다. 그런데 당시 코린토스에서 가까운 크라네이온이라는 곳에 디오게네스라는 철학자가 머물고 있었다. 금욕적인 생활을 통해 행복을 추구하는 그와 그의 제자들을 사람들은 '퀴니코스' 학파라고 불렀는데, '개 같은' 무리들이라는 뜻이었다. 최소한의 필수품만으로 삶을 영위하는 그들의 습성이 그들의 행색을 길거리의 개처럼 보이게 만든 탓이었다.

알렉산드로스는 그 별난 철학자와 대화를 나누고 싶어 몸소 그를 찾았다. 그러나 철학자는 그에게 전혀 관심을 보이지 않고 유유자적 햇볕을 쬐며 누워 있었다. 알렉산드로스 무리의 접근을 모른 척할 수 없을 때쯤 되어서야 그는 몸을 일으키고 느긋하게 그를 쳐다보았다. 알렉산드로스는 그에게 인사한 뒤 물었다. "원하는 것이 있습니까? 제가 다 들어줄 수 있습니다." 디오게네스의 대답은 모두를 놀라게 했다. "햇볕이 가려지지 않게 조금만 비켜서주시오." 알렉산드로스는 자신의 권력과 권위에 조금도 굴하지 않고, 오히려 당당하고 도도하게 맞서는 그에게 감탄했고, 이런 말로 존경과 부러움을 표현했다. "내가 만일 알렉산드로스가 아니라면, 나는 디오게네스이고 싶다."

범그리스 4대 제전

근대 올림픽 경기는 1896년 아테네에서 첫 대회가 개최된 이래 4년마다 열리는 전 세계인의 축제다. 이때만큼은 정치적·경제적 갈등도 뒤로하고 온 세계 사람들이 평화의 염원을 한껏 드러낸다. 내가 그리스를 방문했을 때만 해도 2020년에 예정되었던 도쿄 올림픽의 개최는 의심의 여지가 없었다. 그런데 2020년이 시작되자마자 코로나19가 전 세계로 확산되면서 도쿄 올림픽의 개최 여부가 논란의 대상이 되었고 마침내 연기되었다. 도쿄는 1940년에도 올림픽 개최지로 예정되었지만 제2차 세계대전 때문에 열리지 못했었다. 이번에는 코로나19 팬데믹 상황으로 인해 또다시 개최가 불투명해진 것이다.

　현대 올림픽 경기의 뿌리는 기원전 776년에 처음 열린 고대 그리스의 올림피아 제전이다. 그때도 지금처럼 4년마다 개최되었다. 산과 섬이 많았던 탓에 그리스는 오랫동안 하나의 통일국가를 이루지 못했다. 대신 도시Polis가 하나의 국가처럼 정치 주체였고, 수백 개의 '도시국가'가 그리스 세계를 이루며 공존의 역사를 이어왔다. 그런 가운데에서도 그들은 같은 말을 쓰고 같은 신을 섬긴다는 점에서 하나의 공동체라는 생각을 가지고 있었다. 일단 말이 안 통하는 사람들을 '바

르바로스'라 부르면서 타자화했다. 트로이아로 납치된 스파르타의 왕비 헬레네를 구하려고 그리스의 수많은 나라들이 연합군을 구성해 에게해를 건너가 소아시아 땅을 공격했던 '트로이아 전쟁'의 전설도 그들을 하나로 묶어주는 단단한 끈이었다. 하지만 그리스인들에게 연대감을 불어넣어준 가장 구체적이고 오래된 전통은 바로 올림피아 제전이었다.

올림피아 제전은 '모든 그리스인들이 모이는Panhellenic' 축제였다. 그리스어로 '판Pan'은 '모든'이라는 뜻이며, '헬라스Hellas'는 '그리스'를 가리키는 전통적인 표현이었다. 올림피아 제전이 열리는 기간 동안 그리스의 도시들은 전쟁도 멈추고 한곳에 모여 평화와 공존을 기원하는 축제를 즐겼다. 올림피아 제전이 지속적인 성공을 거두고 그리스 전역에서 권위를 인정받자 다른 도시들도 비슷한 축제를 만들었다. 먼저

올림피아	이스트미아(4~5월)	퓌티아	이스트미아(4~5월)	올림피아
	네메이아(7~8월)		네메이아(7~8월)	

제49회 올림피아 제전 직후인 기원전 583년에 코린토스는 이스트미아 제전을 열었다. 이에 뒤질세라 델피는 그다음 해에 퓌티아 제전을 열어 4년 주기를 취했다(일부 학자들은 기원전 586년에 퓌티아 제전이 먼저 열렸다고 주장하기도 하고, 이스트미아 제전은 기원전 580년에 처음 열렸다고 주장하기도 한다). 그러자 그다음 해에 또다시 이스트미아 제전이 개최되면서 2년마다 열리는 대회로 자리 잡았다. 이로써 2년마다 올림피아 제전과 퓌티아 제전이 번갈아가며 개최되고, 그 사이 2년마다 이스트미아 제전이 열리게 되었다. 기원전 573년부터는 이스트미아 제전이 열리는 해에 맞춰 네메이아 제전이 2년마다 열렸다. 결국 그리스인들은 1년에 적어도 한 번씩 범그리스 제전으로 모일 수 있게 되었다(그리스 달력 계산을 달리 하는 학자들은 이스트미아 제전이 네메이아 제전과 같은 해에 열린 것이 아니라, 한 번은 퓌티아 제전과 한 번은 올림피아 제전과 같은 해에 열렸다고 주장하기도 한다).

아테네가 정치적 계산으로 꾸며낸 전설

그 가운데에서도 4월에서 5월 사이에 그리스인들은 2년마다 이스트미아에 모여 봄철 스포츠 제전을 즐겼다. 같은 해마다 열리던 네메이아 제전은 대회가 겹치는 것을 피하기 위해 7월과 8월 사이 가을 제전으로 치러졌다. 대회를 개최한 코린토스는 발칸반도 남단의 그리스 본토와 그로부터 남서쪽으로 공룡의 발자국처럼 뻗어나간 펠로폰네소스반도를 잇는 지협 끝에 위치한 도시였다. 시쉬포스가 이 도시를 세웠다는 전설이 있다.

시쉬포스는 영리한 꾀를 부려 신들을 자주 속였기 때문에 신들의 미움을 샀다. 저승에서는 커다란 바위를 산 정상에 밀어 올리는 벌을 받았다. 그러나 안간힘을 써서 정상에 올려놓은 바위는 다시 산 아래로 굴러 떨어지기 때문에 그의 형벌은 영원히 계속된다. 그의 이름은 고된 벌을 수행하며 내뿜는 가쁜 숨 '시-쉬-포-스'와 깊은 연관이 있는 셈이다. 이 형벌은 앞서 소개한 아이기나와 제우스의 사건과도 관련이 있다. 제우스가 아이기나를 납치했을 때, 이를 목격한 시쉬포스가 딸을 찾는 아이기나의 아버지 아소포스에게 비밀을 누설하자 제우스가 이를 괘씸하게 여겼던 것이다. 바로 이 시쉬포스가 이스트미아 제전을 만들었다고 한다. 사정은 이렇다.

제우스가 세멜레와 몰래 동침하여 디오뉘소스를 낳았다. 뒤늦게 이 사실을 알고 화가 난 제우스의 아내 헤라는 갓난아이를 죽이려고 했다. 하지만 아이의 이모였던 이노가 아이를 빼돌려 키우자, 헤라는 앙심을 품고 이노와 그의 아들 멜리케르테스를 바다에 빠져 죽게 만들었다. 돌고래 한 마리가 나타나 아이의 시신을 등에 태워 이스트미아 해변 소나무 숲에 갖다 놓았다. 우연히 그곳을 지나던 시쉬포스가 시신을 수습하여 장례를 치러주고 그 넋을 위로하는 제전을 열었다. 이것이 바로 이스트미아 제전이다. 나중에 아테네의 영웅 테세우스는 이 제전을 성대하게 확장하여 자신의 아버지였던 포세이돈 신에게 바쳤다고 한다.

멜리케르테스와 이노의 조각상. 돌고래 한 마리가 조각상 아래 새겨져 있다.
위키피디아.

이 모든 이야기가 사실일까? 물론 아니다. 스파르타와 함께 그리스 세계를 양분하던 아테네가 정치적 계산으로 꾸며낸 전설이요, 신화라고 보는 것이 좋다. 즉 스파르타의 전통적인 영웅 헤라클레스가 올림피아 제전의 상징적인 영웅이었던 것에 대응하기 위해 아테네는 이스트미아 제전을 전략적으로 지원했고 그 상징적 인물로 자신들의 영웅 테세우스를 갖다 붙인 것이다.

대회가 열린 이스트미아는 코린토스로부터 15분쯤, 아테네로부터는 1시간쯤 차로 이동하면 도착하는데, 1893년에 완성된 코린토스 운하의 남쪽 끝에 있다. 그곳은 펠로폰네소스반도와 아테네가 있는 아

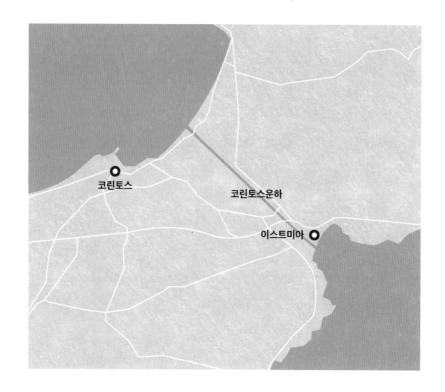

티카 지방을 연결하는 지협의 길목에 있었기 때문에 '이스트미아'라고 불리게 된 것인데, 그리스어로 '이스트모스Isthmus'가 '목'이라는 뜻이며 길게 늘어선 지협을 가리키는 말이기 때문이었다. 이스트미아 동쪽 해안에는 에게해로 열린 항구가 있고, 항해의 안위를 빌기 위한 거대한 포세이돈 신전이 세워졌다. 지금은 그저 기둥과 벽의 흔적만 간신히 남아 있지만, 그곳은 에게해가 시원스럽게 내려다보이고 거대한 산세가 두르고 있어 터가 참 좋다는 걸 그곳에 선다면 누구나 단박에 느낄 수 있다. 해안에서 불어오는 바람을 온몸으로 맞고 있노라면 바다의 신 포세이돈의 입김이 전해져 오는 듯하다. 포세이돈을 모시고 안전한 항해를 기원하는 신전을 짓기에는 천하의 명당이다. 신전 아래쪽에는 육상 경기가 벌어졌던 최초의 스타디온(스타디움)이 있었는데, 지금은 출발선 부근만 남아 있고 길게 뻗은 주로走路의 일부는 새로 깔린 도로 아래 묻혀 있다. 그 도로 너머에 나중에 새로 생긴 스타디온이 있다.

영원히 빛나는 트로이아 전쟁의 영웅처럼

대회에서 우승한 사람에게는 그 지역에서 많이 자라는 소나무로 만든 관冠이 주어졌다. 그 자체로는 별것 없는 소박한 상이지만, 그것을 쓴 선수의 명예는 이루 말할 수 없이 값진 것이었다. 마치 전쟁터에서 적을 무찌르고 개선하는 전사처럼 경기장에서 그는 관중들이 외쳐대는 환호의 대상이었고 자신의 도시국가로 돌아가면 영웅처럼 시민들의 추앙을 받았으며, 그의 가문에는 크나큰 영광이요 자랑거리였다. 국가는 그에게 푸짐한 포상금을 지불했고, 시민들은 아낌없이 존경을 표했으며, 시인들은 온갖 솜씨를 다해 웅장한 찬가를 지어 바쳤다. 대표적인 시인이 핀다로스다.

오 멜리소스,
이스트미아 제전에서 그대가 훌륭한 투지를 보여줬으니
신들이 나에게 허락하신,
모든 곳에 열려 있는 수만의 길을 따라가며,
그대 가문의 탁월함을 찬양하리.

당시 '멜리소스'는 아킬레우스나 오뒷세우스처럼 호메로스의 서사시로 영원히 빛나는 트로이아의 영웅들과 다를 바 없다.

코린토스에 머물며 기독교를 가르쳤던 바울도 이스트미아 제전을 관람했다. 그 경험이 무척 인상적이었나 보다. 나중에 코린토스의 교인들에게 편지를 쓰면서 이스트미아 경기를 예로 들었을 정도다(〈고린도전서〉 9장).

> 운동장에서 모든 달리기 선수들이 달리지만 상을 받는 사람은
> 오직 한 사람뿐임을 여러분도 아시지 않습니까? 여러분도 상을
> 받도록 그렇게 달리십시오.

그의 조언은 이스트미아 경기에 참여한 달리기와 격투기 선수를 빗대어 이어진다.

> 나는 방향을 잃고 달리지 않으며, 허공을 치는 것같이 싸우지
> 않습니다.

이스트미아 경기에 익숙한 코린토스 사람들에게 삶의 자세를 말할 때, 이보다 더 효과적인 비유는 없을 것이다. 한편, 바울은 우승자들이 고작 소나무 관을 쓰는 것이 허망했던 모양이다.

그들은 썩을 승리의 관을 얻고자 하지만, 우리는 썩지 않을 것을 얻고자 합니다.

신앙의 대가로 주어진 영원한 천국의 소망을 강조했던 것이다. 이른 바 '생명의 면류관'을 쓰는 영생의 삶을 제시한 것이다. 그러나 바울의 말처럼 이스트미아의 선수들이 과연 '썩을 승리의 관'을 지향한 것일까? 그들이 머리에 쓴 '승리의 소나무 관'은 말 그대로 썩어질 것이지만, 그들이 온몸을 던져 경쟁하며 소망했던 것은 썩어 없어질 소나무 관이 아니라 썩지 않고 영원히 지속될 불멸의 명성이었다. 그것은 기독교의 천국에 버금가는 그리스인들만의 영원한 존재의 한 방식이었다.

2

진혼의 제전,
아들을 가슴에 묻다

코로나19 사태로 무산된 두 개의 범그리스 제전

2020년 7월 26일에 열릴 예정이었던 도쿄 올림픽이 전격 연기되었다. 코로나19 팬데믹 상황은 진정될 기미가 보이지 않았다. 해외여행도 요원하고 대규모 관객이 모이는 콘서트도, 대규모 관중의 환호성이 충만한 스포츠 경기도 당분간 어려울 것 같았다. 같은 해 6월 26일, 예년 같았다면 그리스 펠로폰네소스반도 북동부에선 또 하나의 범그리스 제전이 열렸어야 했다. 바로 네메이아 제전이다. 나도 이 제전에 참가하려고 계획을 세웠다. 태양이 작열하는 스타디온에서 옛 그리스인들처럼 키톤을 입고 다른 나라 사람들과 어울려 뛸 꿈을 꾸었다. 그러나 꿈은 산산조각이 났다. 아쉬움은 이루 말할 수가 없었다.

기원전 776년부터 시작되었던 올림피아 제전이 1896년에 다시 부활했던 것처럼, 그로부터 100년 뒤인 1996년에 고대 네메이아 제전도 부활했다. 범그리스 제전 가운데 '막내'였던 네메이아 제전은 제51회 고대 올림피아 제전이 열리기 직전 해인 기원전 573년에 처음 열렸다. 네메이아 제전은 올림피아 제전이 열리기 직전 해와 열린 직후 해에 개최되었고, 그리스가 로마에 편입되었을 때에도 계속되었다가, 로마가 기독교를 국교로 삼으면서 이교적 잡신을 기리는 불경한 제전이라 하여 폐지되었다. '네메이아 경기 부활 협회'를 창립한 사람들은 현대 올림픽 경기가 자본주의적 상업성에 너무 많이 오염되었다고 비판하면서 순수한 스포츠 정신과 화합의 이념을 회복하겠다고 나선 것이다.

정상적이었다면, 2020년 제7회 네메이아 제전은 6월 26일부터 28일까지 열렸을 터이다. 이 대회는 누구라도 신청하면 참가할 수 있도록 활짝 열려 있다. 협회는 1년 뒤인 2021년 여름에 만나기를 희망한다는 공지를 올렸지만, 2021년 5월 14일 자로 이 또한 불가능하다는 공지를 공식 홈페이지에 올렸다. 날짜를 정해놓지 않은 상태로 일단 2022년 여름에 개최할 예정이라는 불확실한 약속만을 다시 남긴 채로. 그런데 이 약속은 2022년 6월 24~26일 제7회 네메이아 경기가 열림으로써 지켜졌다.

네메이아의 사자를 무찌른 헤라클레스

제전이 열리는 네메이아에는 무시무시한 사자가 살았다. 튀폰과 에키드나라는 어마어마한 거신巨神 괴물의 아들이었다. 그의 형제자매들도 무시무시하다. 지옥의 문을 지키는 머리 셋 달린 개 케르베로스, 게리온의 가축 떼를 지키는 머리 둘 달린 개 오르트로스, 사자 몸에 처녀의 얼굴을 한 스핑크스, 사자 머리에 등에는 불을 뿜는 염소 머리가 있고 뱀의 꼬리를 한 키마이라, 목이 잘려도 다시 두 개의 머리가 솟아나는 휘드라, 테세우스가 퇴치했다고 전해지는 괴물 맷돼지 파이아 등, 이런 괴물들이 네메이아 사자와 핏줄을 나눈 형제자매들이었다.

네메이아 사자는 칼과 창으로도 뚫리지 않는 가죽과 무쇠마저도 뚫을 수 있는 강력한 발톱을 가지고 있었다. 사람들이 두려워하던 골칫거리를 물리친 영웅은 헤라클레스였다. 그는 최고의 신 제우스와 미인 알크메네 사이에서 태어났다. 게다가 제우스는 헤라클레스를 불사不死의 몸으로 만들기 위해 잠들어 있던 헤라에게 몰래 다가가 젖을 물렸다. 엄청난 힘으로 젖을 빨자 깜짝 놀라 깨어난 헤라는 아이를 세게 밀어냈다. 아이가 헤라의 몸에서 떨어지면서 헤라의 젖꼭지에서는 젖이 솟구쳐 나와 하늘에 뿌려졌고, 그것이 '젖의 길Galaxias kuklos; Milky Way'이라 불리는 은하수가 되었다고 한다. 이런 이유로 헤라는 헤라클레스를 미워했고, 그에게 광기를 보냈다. 미친 헤라클레스는 자식들을 맹수로 착각하고 죽였다. 살인죄를 씻기 위해서는 튀린스를 다스리던 에우뤼스테우스 왕에게 12년 동안 봉사하며 그의 지시에 따라 열 가지 과업을 수행해야 했다. 그러나 열 개의 과업을 8년 1개월 만에 모두 끝내자, 다급해진 에우뤼스테우스는 트집을 잡아 그중 두 개를 무효로 선언했고, 엄청나게 힘든 두 가지 과업을 추가로 부여했다. 이런 이유로 흔히 에우뤼스테우스의 명령에 따라 이루어진 일들을 '헤라클레스의 12과업'이라고

기원전 2세기경에 유통되던 은화.
사자 머리 투구를 쓴 알렉산드로스의 모습을 담았다. 위키피디아.

하는데, 그 첫 번째 과업은 바로 네메이아 사자를 처치하는 것이었다.

헤라클레스는 사자를 맞닥뜨려 활을 쐈지만, 날카로운 화살은 가죽을 뚫지 못하고 튕겨져 나갔다. 헤라클레스는 몽둥이를 집어 들고 입구가 두 개인 굴로 들어가 사자와 맞붙었다. 사자가 도망가지 못하도록 한쪽 입구를 막고 다른 쪽 입구를 통해 옥죄며 들어갔다. 마침내 일대일 대결을 벌일 수 있게 된 헤라클레스는 팔로 그놈의 목을 힘껏 졸라 죽였다. 첫 과업에 성공한 헤라클레스는 사자 가죽이 탐났다. 하지만 벗길 수가 없었다. 칼이 들지 않았기 때문이다. 고심 끝에 가죽에다 사자의 발톱을 그어댔다. 신기하게도 그 무엇으로도 뚫리지 않던 가죽은 무엇이든 뚫을 수 있는 발톱으로는 잘리는 것이었다.

그 후로 헤라클레스는 사자 가죽을 갑옷처럼 뒤집어쓰고 다녔다. 그것은 천하무적의 방탄복이었다. 사자 머리는 투구로 사용하였다. 이런 이유로 아버지의 혈통이 헤라클레스에 잇닿아 있다고 믿었던 알렉산드로스는 종종 사자 머리 투구를 쓰고서 헤라클레스를 모방했다. 일부 기록에 따르면, 헤라클레스가 입고 다니던 사자 가죽은 네메이아의 사자가 아니라, 테베 근처의 키타이론산에 살던 사자의 가죽이었다고 한다. 헤라클레스는 이 사자가 자기 집안의 소떼를 무차별적으로 죽이자 잡으러 나섰다. 이때 헤라클레스의 나이는 18세였다. 사자를 무찌른 헤라클레스는 그 가죽과 머리를 무구武具로서 착용했다고 한다. 어떤 기록이 맞는 것일까를 따지는 것은 결론을 낼 수 없는 일이다. 두 지역이 헤라클레스를 자기네와 연결시키려고 만들어낸 두 가지 이야기가 아닐까 싶다.

사람들은 네메이아의 사자를 물리친 헤라클레스에게 환호를 보냈고, 그의 공적을 기념하는 성대한 운동 경기를 개최했다. 그것이 바로 네메이아 제전이었다. 헤라클레스는 모든 것이 제우스의 덕이라며 아버지에게 영광을 돌렸고, 그렇게 제우스는 네메이아 제전의 주신이 되었다. 제우스는 이에 보상이라도 하듯, 헤라클레스가 죽인 네메이아 사자를 봄여름 밤하늘의 별자리로 만들고, 헤라클레스도 죽은 후에는 사자의 뒤를 쫓는 찬란한 별자리가 되게 하여 아들의 용맹을 영원히 빛나게 했다.

억울하게 죽은 아이를 위한 추모

'헤라클레스 기원설'은 로마인들이 만들어낸 이야기며, 정작 그리스인들은 다른 이야기를 한다. 네메이아의 어린 왕자 오펠테스를 추모하는 경기였다는 것이다. 왕자는 태어날 때, 혼자 걷기 전까지는 몸이 절대 땅이 닿아서는 안 된다는 신탁이 내려졌다. 어느 날, 아르고스에서 테베를 공격하려고 진격하던 일곱 장수들이 네메이아를 지나게 되었다. 목이 말랐던 장수들은 왕자를 안고 있던 유모에게 물을 달라고 간청했다. 유모는 장군들을 돕겠다는 마음에 신탁을 잊고 왕자를 셀러리 밭에 내려놓은 후 샘물이 있는 곳으로 장군들을 인도했다. 유모의 부주의로 아직 걷지 못하는 어린 왕자의 등이 그만 땅에 닿고 말았다. 신탁이 이루어진 것일까? 갑자기 용이 나타나 왕자를 칭칭 감고 조이자, 왕자는 비명횡사했다.

갈증을 해소하고 돌아온 장군들은 왕자를 죽인 용을 처치했지만 아이를 되살릴 수는 없었다. 그들은 왕자의 장례식을 엄숙하게 치르고, 아이를 추모하는 성대한 운동 경기도 열었다. 부모가 돌아가시면 땅에 묻지만, 아이가 죽으면 가슴에 묻는다는 이야기가 있다. 그렇게 가슴이 아팠던 걸까? 아들을 잃은 네메이아의 왕은 2년마다 주변의 도시국가 사람들을 초청해 추모를 위한 네메이아 제전을 계속 열었다. 같은 해 봄에 열리는 이스트미아 제전이 그랬듯, 그해 여름에 함께 열리는 네메이아 제전도 어린 아이의 죽음을 애도하는 제전이었던 것이다. 우승자에게는 야생 셀러리 관이 주어졌다. 오펠테스 왕자가 셀러리 밭에서 참변을 당했던 것을 기리는 것이다. 또한 네메이아 경기의 심판들이 모두 검은 옷을 입은 것도 어린 왕자의 죽음을 애도하는 의미였다. 현대 스포츠에서 심판들이 한때 검은 옷을 주로 입곤 했는데, 그것도 이 네메이아 제전의 전통에서 온 것이라고 한다. 네메이아 제전은 나중에 아르고스에서도 열리게 되는데, 왕자를 추모한 일곱 장군들이 아르고스에서 왔기 때문이었다.

일곱 전사들의 운명은?

아르고스에서 온 일곱 전사들은 어떤 운명이었을까? 이들 가운데 암피아라오스라는 지혜로운 예언자가 있었다. 그는 뱀에 물려 죽은 아이를 추모하면서 오펠테스 대신 새로운 이름을 지어주었다. '아르케모로스', '죽음의 운명Moros을 시작하는 자Arkhe-'라는 뜻인데, 그 아이의 죽음은 곧 일곱 전사의 죽음을 촉발할 것이라는 예언이었다. 그는 이 원정이 실패할 것임을 예언했지만 사람들은 듣지 않았고, 대세를 돌이킬 수 없는 상황에서 그는 참전을 피할 수가 없었다. 패배와 죽음을 예견하고 원정을 떠나온 그는 오펠테스의 죽음에 직면해서 자신의 예견이 틀림없음을 더욱더 강하게 확신하게 되었다. 하여, 에펠테스의 죽음을 애도하는 진혼의 제전은 또한 얼마 후에 전쟁에서 몰살당할 자신들의 죽음을 애도하는 것이기도 했다. 그들이 그랬듯, 어쩌면 다른 이의 죽음을 향한 우리의 모든 애도는 결국 언젠가는 그들처럼 죽을 수밖에 없는 우리 자신의 운명을 애도하기 위한 것이 아닐까.

테베 원정의 일곱 전사 가운데에는 그리스 최대 비극의 주인공 오이디푸스의 아들 폴뤼네이케스도 있었다. 아버지를 죽이고 어머니와 결혼할 운명을 타고난 오이디푸스가 자신의 운명이 실현된 것을 알고 두 눈을 뽑고 테베를 떠났을 때, 테베의 왕위를 놓고 오이디푸스의 두 아들이 전쟁을 벌인 것이다. 오이디푸스는 가슴이 아팠지만, 두 아들의 전쟁을 말리지 못한 채 한 많은 삶을 마감했다. 테베의 권력은 다른 아들 에테오클레스의 손에 있었다. 한 아들은 테베의 왕이 되어 테베를 지키고, 다른 아들은 자신의 몫을 찾겠다며 이방인 아르고스의 군대를 이끌고 조국 테베를 치러 가는 것이었다. 세상을 떠나기 전 오이디푸스는 두 아들의 미래를 예견했다. 저렇게 물불 안 가리고 형제끼리 싸우다가는 서로가 서로의 칼날에 죽겠구나. 그의 예견은 적중했다. 오이디푸스의 두 아들은 테베 왕국을 차지하기 위해 서로에게 칼을 겨누었지만, 서로의 칼날에 찔려 죽어 결국 자기 몸뚱이 하나 묻을 만큼 크기의 땅만을 차지하였던 것이다. 더군다나 플뤼네이케스는 조국을 공격하다 죽었다는 이유로 매장이 금지된 채 들판에서 새떼와 개떼의 먹이가 될 판이었다.

제우스를 위한 제전과 신전

비록 네메이아 제전이 오펠테스의 추모에서 시작되었다고는 하지만, '네메이아'라는 이름 때문에 사람들은 오펠테스 왕자보다는 헤라클레스를 먼저 떠올리고, 그가 네메이아에서 사자를 무찌른 사건을 상기한다. 무엇보다도 로마인들이 그리스를 정복하고 네메이아 제전에 함께 참여하면서, 헤라클레스를 기리는 제전이라는 이야기가 더 큰 힘을 얻었다. 실제로 이 경기에서 우승한 사람들은 헤라클레스의 용맹을 가진 사람이라고 찬양받곤 했다.

네메이아 제전이 열린 곳은 아테네에서 1시간 20분 정도 차로

이동하면 도착한다. 이스트미아 제전이 열렸던 포세이돈 신전과는 30분 거리다. 아테네에서 아침 일찍 출발하면 이스트미아 제전의 유적을 보고, 네메이아 제전의 유적지로 가서 점심 식사를 할 수 있다. 올리브기름이 뿌려진 산뜻한 샐러드에 찰지고 고소한 빵, 향기롭게 잘 구운 양고기 스테이크에 네메이아 지방의 특산 아기오르키티코Agiorgitiko 품종으로 빚은 적포도주를 곁들이면 기억에 오래 남을 맛있고 푸짐한 식사를 할 수 있다.

　　포도밭 사이를 잠시 지나다 보면 곧 유적지에 도착한다. 입구는 곧바로 박물관으로 통하고, 저 멀리 제우스 신전의 유적이 보인다. 그리로 가는 길 왼쪽으로는 하천의 흔적이 있는데, 그 너머 왼쪽으로 네메이아 제전이 추모하는 오펠테스의 사당Heroon 터가 있다. 그 사당터 북쪽으로 하천을 따라 길게 스타디온이 있었다고 한다. 아마도 첫 대회에는 그곳에서 열리지 않았을까 싶다. 스타디온 터의 중간 오른쪽으로 제우스의 신전이 있다.

　제우스의 신전에는 현재 몇 개의 기둥만 남아 있지만, 파란 하늘 배경으로 우뚝 솟아 있는 모습이 당당하다. 빈곳을 상상으로 채우면 전체 위용이 느껴진다. 신전의 전면과 후면에 6개, 좌우 측면에 12개의 기둥을 세우자. 36개의 중후하고 엄숙한 도리아 양식의 기둥이 세워지면 기둥 안쪽으로 벽을 두르자. 벽 안쪽은 지성소의 내실인데, 전면에 2개의 기둥이 서야 한다. 곡선미가 우아한 이오니아 양식의 기둥일 것이다. 그 안쪽 깊숙이 2개의 기둥을, 측면에는 6개의 기둥을 가지런히 세우자. 내실 안쪽 12개의 기둥은 모두 백합이 분수처럼 피어나듯 화려한 코린토스 양식일 것이다. 놀라운 것은 하나의 신전 안에 그리스를 대표하는 세 가지 양식이 적절하게 어우러져 있다는 것이다. 주지하다시피 그리스의 기둥머리 양식 가운데 세 가지가 대표적이다. 둥근 원과 사각형으로만 이루어진 도리아 양식 외에, 섬세하며 우아하고 곡선미가 두드러진 이오니아 양식과 아칸서스 잎이 싱싱하게 피어오른 무늬를 가진 코린토스 양식이 있다. 처음 발견되었을 때, 신전의 기둥은 3개뿐이었지만, 2002년에 2개를, 2013년에 4개의 기둥을 복원했다고 한다.

네메이아 제전의 함성이 들리는 듯

멀리 동쪽 나지막한 언덕 중턱에 스타디온이 정갈하게 닦여 있다. 그곳으로 들어가기 전에 선수들이 옷을 벗어 보관하는 '라커룸

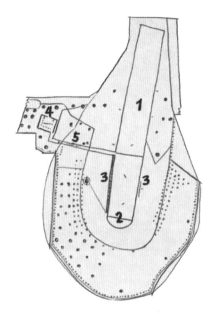

네메이아 제전이 열리던 유적지 도면.

Apodutērion'이 있다(45쪽 도면의 4). 남아 있는 기둥들 가운데 온전한 모습으로 남은 것은 하나뿐이다. 기둥머리를 보니, 단아하고 중후하고 의젓한 도리아 양식이다. 네메이아의 라커룸을 이루던 기둥들 가운데 기둥머리까지 가지고 있는 것은 단 하나, 나머지 여덟 개 기둥은 모두 토막토막 절단이 나 있다. 작은 규모이지만 반듯하고 단정하다.

스타디온과 라커룸 사이에는 야트막한 언덕이 있는데, 그 언덕에 터널이 뚫려 있다. '숨겨진 출입구Kruptē Eishodos'다(5). 선수들은 옷을 벗고 대기하고 있다가 터널을 통과하여 경기장으로 뛰어 들어갔다. 그 터널은 일종의 확성기 역할을 했다고 한다. 라커룸 쪽의 출입구에서 선수의 이름을 크게 호명하면, 그 소리가 터널을 타고 증폭되어 운

네메이아 제전이 열린 스타디온. 위키피디아.

스타디온의 출발선(좌)과 '숨겨진 출입구'(우).

동장으로 퍼져나가 관중들에게 전달되었다. 선수의 이름을 들은 관중들은 환호했고, 환호성은 다시 터널을 타고 선수들이 대기하는 곳으로 증폭되어 전달되었다. 선수들을 고무시키기엔 충분한 크기였다.

스타디온(1)으로 들어가면 출발선(2) 뒤쪽으로 침엽수가 우거진 언덕이 있고, 결승점으로는 탁 트인 파란 하늘이 보이고 멀리 오른쪽으로 완만하게 올라가는 능선의 산이 보인다. 출발선에서 결승선까지 양옆으로는 부드러운 경사선의 언덕이 있어 관중들이 층층이 앉기 좋은 지형이다(3). 그 옛날, 그곳에는 계단식의 관중석이 있었을 것만 같다. 왼쪽으로는 돌계단 한 층이 보이기에 그런 추정과 상상을 더욱더 부추긴다. 출발선에는 달리기 선수들이 나란히 횡으로 서 있도록 선이 파여진 돌판이 길게 늘어서 있다. 이것이 고대 그리스 그때의 것이라면, 보자, 적어도 2천 년은 훌쩍 넘은 것이 아니겠는가? 설령 계속 교체하였다고 하더라도, 적어도 이 자리에 이 모양의 돌판은 그대로일 것이라 생각하니 가슴이 벅차오른다. 한국에서 이곳으로 온 것은 단순한 공간의 이동만은 아니다. 2천 년도 넘는 세월을 뛰어넘는 시간 이동인 셈이다.

이런 시간여행을 만끽하려고 지금도 전 세계에서 사람들이 알음알음으로 모여들고 있다니, 이 또한 놀라운 일이다. 올림픽 경기와는 별도로 네메이아 제전이 부활했다는 것 말이다. 부디 코로나19 팬데믹이 조속히 종식되어 조만간 네메이아 제전에 참가하여 세상의 다양한 보통 사람들과 어울려 뛸 수 있으면 좋으련만, 하는 기대감이 더욱더 가슴에 차올랐다. 그리고 마침내, 2022년 6월 24일, 제7회 네메이아 제전이 개막되어 26일까지 거행되었다!

3

최고의 신
제우스를 위한 축제

::::: 올림피아 제전 :::::

제우스의 신전을 장식한 박공의 조각

네메이아에서 올림피아까지는 약 160킬로미터, 차로 2시간 30분가량을 달려야 한다. 올림피아에 도착한 시각은 오후 5시 30분이었다. 충분하지는 않지만 대략 두 시간 정도 올림피아를 관람할 수 있었다. 유적 입구로 들어가면 먼저 박물관을 들르게 된다. 가장 인상적인 것은 제우스 신전의 서쪽(49쪽의 위 사진)과 동쪽(아래 사진) 박공을 장식했던 조각상들이다. 넓은 공간 양쪽 벽에 복원한 박공 장식은 이곳에 있었던 제우스 신전의 규모와 위용을 느낄 수 있게 한다.

올림피아로 들어오는 사람들을 맞이하던 서쪽 박공의 중앙에는

제우스 신전의 규모와 위용을 느끼게 하는 박물관의 조각상들.

제우스가 서 있는데, 아쉽게도 머리가 날아가버렸다. 그 양쪽으로 각
각 세 명의 인물이 대칭적으로 서 있다. 그의 오른쪽에는 피사의 왕 오
이노파오스와 그의 아내 스테로페가 서 있고, 마부 뮈르틸로스가 무릎
을 꿇고 있다. 마차가 있고, 시종과 예언자가 있고, 맨 끝에는 올림피아
의 남쪽을 흐르는 알페이오스강의 신이 비스듬히 누워 있다. 한편 제

우스의 왼쪽에는 펠롭스와 오이노마오스의 딸 힙포다메이아 공주가 있다. 펠롭스는 그녀와의 결혼을 걸고 오이노마오스와 마차경기를 벌이기 직전이다. 그들은 경기에서의 승리를 위해 뮈르틸로스를 매수하여 오이노마오스의 마차 바퀴에 밀랍을 넣어 마차가 부서지도록 손을 써놓은 상태다. 두 사람 곁에는 역시 마부와 마차, 예언자와 시종이 있고, 맨 끝에는 올림피아의 서쪽을 흐르는 클라데오스강의 신이 비스듬히 누워 있다. 둘의 격돌이 시작되기 직전이다. 제우스를 중심으로 자리 잡은 모든 인물들이 정적인 분위기를 만들고, 데칼코마니를 연상하게 하는 엄격한 좌우의 대칭과 균형이 차분하고 중후한 느낌을 준다. 올림피아 경기는 육상이 기본이지만, 가장 화려한 볼거리는 단연 마차경기인데, 이제 곧 격렬한 경쟁이 벌어지기 직전, 두 팀이 위풍당당한 모습으로 나란히 서 있는 모양새다. 올림피아 제전이 열리는 곳에 제우스가 주신임을 확실하게 보여주고 있다.

그에 비해 스타디온을 향한 동쪽 박공은 아주 역동적이다. 가운데에 아폴론이 오른손을 뻗고 서 있다. 양옆으로 반인반마半人半馬의 켄타우로스가 보이는데, 왼쪽에는 켄타우로스가 한 여인의 가슴을 범하며 추행하자 여인은 팔꿈치로 켄타우로스의 얼굴을 가격하고 힘껏 밀어내며 거세게 저항한다. 오른쪽 켄타우로스의 얼굴은 일그러져 있다. 아파 죽겠다고 비명을 지르는 표정이다. 그가 여인을 거칠게 껴안으려 하자, 여인은 한 손으로는 그의 턱수염을, 다른 손으로는 머리채를 잡고 힘껏 밀치고 당기며 저항한다. 대체 무슨 일일까? 이 난리는 결혼식장에서 일어났다. 테살리아의 라피테스인들을 다스리던 페이리토오스 왕과 힙포다메이아(앞의 인물과는 동명이인)의 결혼식에 켄타우

켄타우로스의 만행을 그려낸 제우스 신전의 동쪽 박공.

로스들이 초대되었다. 그런데 코가 삐뚤어지게 술을 마시자 욕정과 야성이 폭발한 켄타우로스들은 신부와 다른 여인들에게 달려들었다. 제우스 신전의 동쪽 박공은 켄타우로스의 만행을 그려낸 것이다. 하지만 한가운데 뭔가를 지시하는 아폴론의 위엄 있는 모습은 이 혼란이 곧 끝나리라는 것을 암시한다. 켄타우로스의 만행에 대해 신랑이 가만히 있을 리 없었다. 마침 결혼을 축하하려고 테세우스가 와 있었다. 그는 신랑의 친구였다. 결혼식장은 순식간에 싸움터로 변했지만, 테세우스의 활약에 힘입어 라피테스인들은 켄타우로스들을 몰아내고 승리를 거둔다. 그 승리는 아폴론의 지고한 명령에 따른 것이리라.

헤르메스상像과 니케 여신상을 만나다

그 밖에도 두 개의 대리석 조각상이 나의 시선을 끌었다. 첫 번째 조각상은 기원전 4세기 즈음 아테네의 조각가 프락시텔레스가 남긴 '헤르메스와 어린 디오뉘소스상'이다. 제우스가 세멜레와 사랑을 나눠 아이를 잉태했지만, 분노한 헤라는 세멜레가 제우스의 번개에 타 죽도록 함정을 팠다. 그렇게 죽어가던 세멜레의 자궁에서 제우스는 태아를 발견하고 얼른 꺼내어 자신의 허벅지에 넣어 키웠다. 마침내 아이가 태어났을 때, 제우스는 아이를 헤르메스에게 맡겨 헤라의 눈에 띄지 않도록 피신시키라고 명령을 내렸다. 그 아이가 바로 디오뉘소스다. 헤르메스는 곧 이 아이를 뉘사산으로 데려가 요정들에게 맡길 것이다. 디오뉘소스라는 이름은 '제우스의 아들Dio-로서 뉘사산에서 자랐다-Nusos'는 뜻이다. 흥미롭게도 이 조각상은 헤라 신전의 폐허 속에서 발견되었다고 한다.

두 번째는 조각가 파이오니오스의 작품 '승리의 여신 니케 여신상'이다. 얼굴과 양쪽 팔뚝 등 여러 부분들이 사라졌지만, 남아 있는 부분을 통해 작품의 수준을 충분히 가늠할 수 있었고 감탄하였다. 손실이 가장 아쉬운 부분은 등에 솟아 있었을 날개다. 승리의 여신 니케는

'헤르메스와 어린 뒤오뉘소스상'(左)과 '승리의 여신 니케 여신상'(右).

두 날개를 활짝 펴고 우아하게 왼발을 땅에 딛는 모습인 것이다. 기원
전 425년 메세니아인들과 나우팍토스인들이 스파르타와의 전투에서
승리를 거둔 기념으로 세운 것이라고 한다. 원래는 제우스 신전 곁에
6미터 높이의 기둥 위에 세워졌었는데, 올륌피아 제전에 참가한 모든
선수들은 이 여신상을 보고 승리를 기원했음에 틀림없다.

올림피아 제전의 최초 우승자, 코로이보스

기원전 776년, 최초의 올림피아 제전이 열렸다. 인근 여러 도시에서 모여든 쟁쟁한 선수들의 달리기 시합이 있었다. 한 스타디온, 약 192미터를 달렸다. 지금은 경기장을 스타디움이라고 부르지만, 고대 그리스에서 그 말(스타디온)은 원래 길이의 단위였다. 한 스타디온은 성인의 발 크기를 600번 합한 거리다. 192미터가 되려면 발의 크기가 무려 320밀리미터여야 한다. 도대체 누구의 발이 이렇게 '왕발'일까? 전설에 따르면, 그것은 헤라클레스의 발이었다. 그는 자기 발로 600번, 대략 200보를 잰 다음 운동장을 곱게 다져 달리기 시합을 열었다. 네메이아의 사자를 비롯해서 저승의 문을 지키는 케르베로스를 지상으로 데려오는 것까지 열두 과업을 성공하자, 벅찬 기쁨을 온 세상 사람들과 왁자지껄 나누는 동시에, 그 모든 영광을 제우스에게 성대하게 돌리기 위해서였다. 그의 기쁨은 광기에 사로잡혀 아내와 자식들을 죽인 죄를 마침내 씻어냈다는 정화의 완성에서 나온 것이었다.

직사각형으로 길게 닦인 운동장에 경사진 관람석을 두른 모양은 참 효율적이다. 많은 사람들이 시야에 방해를 받지 않고 선수들의 경쟁에 집중하며 열광할 수 있기 때문이다. 헤라클레스, 힘만 쓸 줄 알았더니 천재적인 건축가였다. 이 전설에 따른다면, 그의 발명품이 지금 전 세계 곳곳에 구현되어 있는 셈이다. 스타디온 달리기에 참가한 선수들은 몸에 아무것도 걸치지 않았다. 오롯이 육체에서 뿜어져 나오는 힘과 속도의 대결을 벌이기 위해서였다. 첫 번째 우승자는 엘리스 출신의 코로이보스였다. 그는 빵을 굽던 평범한 요리사였다. 올림피

올림피아 제전 스타디온.
그리스 전역에서 모인 탁월한 선수들이 이곳에서 기량을 겨루었다.

아 우승 이후 그의 운명은 완전히 바뀌었다. 그리스 전역에 이름을 알리며 일약 스타가 되었고, 지금까지도 최초의 우승자로 기억되고 있으며, 인류가 살아 있는 한 앞으로도 영원히 그의 이름이 기억될 것이다. 당시에는 상이라고 해봐야 고작 올리브 나뭇잎과 가지로 만든 관(冠)이 전부였지만, 그 명성은 그야말로 불멸인 셈이다.

횟수가 거듭될수록 올림피아 제전에 참여하는 도시가 많아졌고, 마침내 그리스를 대표하는 제전이 되었다. 스타디온을 왕복하는 달리기(디아울로스), 장거리 달리기(돌리코스), 군장을 갖춘 달리기(호플리토드로모스) 등 경기 종목이 추가되면서 볼거리가 다채로워졌다. 게다가 권투, 레슬링, 격투기도 포함되었으며, 창과 원반던지기도 곁들여지더니, 5종 경기와 화려하고 웅장한 마차 경기까지 열렸다. 올림피아 제전의 인기가 높아지자, 이를 모방한 범그리스 제전들이 줄줄이 생겨났다.

신들을 위한 장엄한 유적들

올림피아는 그리스 여행의 필수 코스다. 이곳을 좀 더 풍부하게 즐기려면, 범그리스 4대 제전의 개최지를 모두 방문하여 비교해보는 것이 좋다. 델피는 따로 코스를 잡아야 하지만, 아테네에서 올림피아까지 가는 길엔 이스트미아와 네메이아를 차례로 들를 수 있다. 아침에 아테네에서 출발해서 차로 1시간 정도면 이스트미아에 도착해 오전 동안 볼 수 있다. 그곳에서 다시 30분 정도 달리면 점심쯤엔 네메이아에 이른다. 네메이아를 1시간 정도 둘러본 후에 2시간 30분 정도 달리면 올림피아에 도착한다. 실제로 우리 일행은 아테네에서 이스트미아, 네메이아를 거쳐 올림피아까지, 고대 범그리스 축제의 3대 제전의 유적을 하루 만에 주파할 수 있었다.

단정한 박물관에는 앞서 소개한 것들 이외에도 유적지에서 발굴된 다양한 유물들을 볼 수가 있다. 신들에게 제사를 드릴 때 사용되었던 다양한 물품들도 신기하고, 그리스의 전사들이 사용했던 창과 칼, 흉갑과 방패, 정강이 보호대, 그리고 무엇보다도 손기정 선수가 베를린 올림픽 마라톤 우승으로 받은, 그리스인 청동 투구의 원형이 반갑다. 박물관을 나와 유적지로 가는 길에는 싱싱한 올리브 나무가 방문객을 반긴다. 현지 그리스인 가이드에게 부탁하면, 기꺼이 올리브 관을 멋지게 만들어준다. 우리는 올림픽 경기라고 하면 승리의 월계관을

헤라 신전. 올림픽 경기의 성화가 처음 채화되는 곳이다.

떠올리지만, 고대 올림피아 제전에서는 승리자에게 월계관이 아닌 올리브 관이 주어졌다.

올림피아 유적지는 크게 두 부분으로 나뉜다. 북쪽에서 남쪽으로 길게 뻗은 길을 사이에 두고 동쪽은 거룩하고 성스러운 지역이다. 여기에 올림피아 제전의 주신 제우스 신전과 그의 아내 헤라의 신전이 있다. 사람들의 출입을 적절히 통제하기 위한 긴 벽이 중앙의 길을 따라 세워져 있었지만 지금은 무너져서 그 경계가 사라졌다. 북서쪽 출입문이 있던 곳으로 들어가면 곧바로 헤라 신전을 마주하게 된다. 근대 올림픽 경기가 열리는 기간 내내 주 스타디온을 밝히는 성화가 채화되는 곳이 바로 이 헤라 신전 앞이다. 원래는 도리아식 기둥 6개가 보이고, 양 측면으로 16개가 보였지만, 지금은 40개의 기둥 중 4개만이 온전한 모습으로 서 있고 나머지는 동강 나 있거나 아예 사라졌다.

제우스 신전은 상황이 더 안 좋다. 34개의 기둥 가운데 단 하나만이 폐허 위에 우뚝 외롭게 남아 있다. 신전 안에는 그리스 최고 조각

번개 창을 들고 앉아 있는 제우스 신상의 상상도.
426년 로마 황제의 신전 파괴령으로 파괴되었고
6세기에 지진과 홍수가 일어나 매몰되었다고 전해진다.

가인 페이디아스가 만든 제우스 신상이 벼락 창을 들고 앉아 있었다.
황금과 상아로 만들어진 신상은 높이가 13미터였다. 피라미드와 함께
고대 세계의 '7대 불가사의' 가운데 하나로 꼽혔다.

　　헤라 신전 서쪽 아주 가깝게 흥미로운 유적이 있다. 원형의 건물
필립페이온Philippeion인데, '필립포스의 신전'이라는 뜻이다. 마케도니
아의 왕, 알렉산드로스 대왕의 아버지 필립포스 2세를 위해 세워진 것
이다. 신이 아닌 인간을 위해 세워진 유일한 그리스 신전이다. 로마에
서는 일반적이었던 황제 신격화의 원형처럼 보인다. 당시 필립포스의
위세가 얼마나 이례적이고 대단했는지를 보여주는 유적이다. 물론 시

필립페이이온. 인간을 위한 유일한 신전이다.

간의 흐름은 그 위세를 전설로 만들고, 지금은 이오니아식 기둥 3개만
이 남아 있을 뿐이다.

　　이러한 신전들과 제단들, 신상들이 군집한 성소를 둘러싼 벽
건너편 서쪽에는 따로 벽이 없었다. 선수들이 연습하는 김나시온
Gymnasion과 팔라이스트라Palaestra, 그리고 땀에 젖은 몸을 씻고 휴식을
취할 수 있는 목욕탕과 숙소가 이어져 있었다. 체육관 옆에는 신전에
필요한 것들을 제작하는 공방이 있다. 공방은 조각가 페이디아스가 거
대한 제우스 신상을 제작할 수 있도록 특별히 세워졌다고 한다. 신상
이 놓일 신전의 내부와 똑같은 크기와 모양을 갖추었던 것이다. 공방

선수들이 연습하던 팔라이스트라.

에 이어 커다란 숙소가 있다. 낙소스의 레오니다스가 자금을 대서 만들었다고 해서 '레오니다이온Leonidaion'이라 불린다. 이 건물들 서쪽으로 클라데오스강이 좁게 흐르는데, 레오니다이온 숙소 남쪽으로 넓게 흐르는 알페이오스강에 합류한다.

진혼과 정화의 제의

운동 경기가 열리던 스타디온은 헤라 신전을 따라 동쪽으로 가다보면 나타난다. 마치 제우스와 헤라를 앞에 모시고 재롱잔치를 벌이듯, 최고의 인간들이 모여 기량을 겨루고 수많은 사람들이 환호성을 지르는 모양새로 자리 잡고 있다. 나중에 그 남쪽에는 마차 경기를 위한 거대한 터(히포드로모스Hippodromos)가 닦였다. 마차 경기의 도입은 올륌피아의 전설적인 왕 펠롭스와 관련이 있다. 그는 원래 소아시아의 프뤼기아 출신이었다. 그의 아버지는 탄탈로스였는데, 신들을 시험하기 위해 펠롭스를 죽여 음식을 만들었다. 이를 괘씸하게 여긴 신들은 탄탈로스에게 영원히 목마르고 배고픈 벌을 내렸다. 사과나무에 꽁꽁 묶여 있는데, 그의 턱밑까지 물이 차 있고 그의 눈앞에는 사과가 열린 나뭇가지가 있다. 목이 말라 고개를 숙이면 물이 닿을 수 없는 곳까지 내려가고, 배가 고파 사과를 먹으려고 머리를 내밀면, 사과가 달린 가지는 닿을 수 없는 곳까지 올라가는 것이었다.

한편, 갈기갈기 찢겨져 신들의 음식이 되었던 펠롭스는 그를 불쌍히 여긴 신들이 다시 살려내었다. 포세이돈은 부활한 그를 데리고 신들이 사는 올림포스 궁전으로 승천해 데려갔고, 얼마 후에 다시 지상으로 돌려보냈다. 펠롭스가 최종적으로 정착한 곳은 펠로폰네소스 반도의 엘리스였다. 펠롭스는 인근에 있는 피사의 공주 힙포다메이아와 결혼하길 원했다. 그러나 피사의 왕 오이노마오스는 사위에게 죽임을 당한다는 신탁을 받자, 청혼자에게 치명적인 마차 경기를 제안했다. 이기면 사위가 되지만, 패하면 죽임을 당한다는 조건이었다. 왕의 말들은 포세이돈의 선물로서 그 어떤 말보다 빨랐기 때문에 어떤 청혼자도 뜻을 이룰 수 없었다. 펠롭스도 청혼을 위해선 마차 경기를 해야 했다. 그런데 펠롭스는 오이노마오스의 마부였던 뮈르틸로스에게 그의 마차 바퀴에서 청동 못을 빼고 밀랍을 채워 넣게 하였다(힙포다메이아가 그랬다는 이야기도 있다). 결국 마차의 바퀴는 경기 도중에 빠졌고, 오이노마오스는 마차에서 떨어져 죽었다. 신탁은 그렇게 이루어졌다. 펠롭스는 힙포다메이아와 결혼한 후, 장인을 추모하고 살인의 죄를 씻는 진혼과 정화의 제의로서 마차 경기를 개최하였다. 이를 기념하기 위해 올림피아 제전에 마차 경기가 추가되었다고 한다.

펠롭스는 존경받는 왕이었다. 그를 기리기 위해 제우스 신전과 헤라 신전 사이에 그의 무덤 펠로피온이 세워질 정도였다. 펠로폰네소스반도라는 명칭도 그의 이름에서 나왔다. 사실 그가 그곳으로 갈 때 그곳의 이름은 '펠로폰네소스반도'가 아니었다. 나중에 펠롭스가 그곳 서쪽의 지배자로 등극하자, 그를 기리기 위해 사람들이 '펠롭스Pelops의 섬Nēsos'이라는 뜻으로 '펠로폰네소스'라고 부르게 된 것이다.

달리기 시합이 벌어진 스타디온과 마차 경기장 사이에 흥미로운 유적이 있다. 로마의 황제 네로의 별장이다. 로마가 그리스를 지배한 후에도 올림피아 제전은 계속되었고 로마인들도 참가했다. 올림피아 제전에 큰 관심을 가졌던 네로는 서기 67년에 마차 경기에 출전했다. 열 마리의 말이 끄는 화려한 마차를 탔다고 한다. 그러나 달리는 도중에 그는 그만 마차에서 떨어졌다. 다행히 죽지는 않았지만 꼴찌는 피할 수 없었다. 주최 측은 그 사고만 아니었다면 네로가 충분히 우승했을 거라면서 그에게 우승의 올리브 관을 씌웠다. 네로는 당연하다는 듯이 관을 받았다니 실소를 금치 못할 일이다. 서기 393년, 테오도시우스 1세는 기독교를 국교로 선포하면서 올림피아 제전을 폐지하였다.

4

매혹의 여신
아프로디테를 숭배하던 코린토스

그리스의 길목, 코린토스에서 합류하다

우리 일행은 두 팀으로 나뉘어 각각 범그리스 제전이 열린 세 곳과 아테네 인근 아이기나섬을 둘러보았다. 그다음 날 6월의 첫날에 코린토스에서 합류하였다. 답사 셋째 날이다. 그리스 본토에서 펠로폰네소스반도로 이어지는 좁은 땅을 이스트모스라고 하는데, 앞서 잠깐 설명했듯이 그리스어로 이스트모스는 '목'이라는 뜻이다. 발칸반도의 남쪽 그리스의 아티카 지역에서 목을 늘이듯이 쭉 늘어진 지협인 이스트모스가 끝나는 부분에서 펠로폰네소스반도가 시작되는데, 바로 그 목 같은 지점에 코린토스가 있다. 그야말로 그리스 본토 쪽과 펠로폰네소스반도를 잇는 교통의 길목이다.

그뿐만 아니라 코린토스는 그리스 본토와 이탈리아반도를 연결하는 길목이기도 했다. 이스트모스의 서쪽으로는 코린토스만灣이 있고 그 연장선상에 이오니아해가 있으며, 이오니아해의 서쪽 끝에는 이탈리아반도 남단과 시칠리아섬이 있기 때문이다. 이와 같은 접근성 때문에 예전에 이탈리아반도 남단과 시칠리아 동부의 대부분은 그리스의 식민 도시로 채워져 있었다. 로마인들은 그곳을 '그라이키아 마그나Graecia Magna'라고 불렀다. 큰 범위에서 그리스에 속한다는 뜻이었다. 한편, 이스트모스가 끝나가는 지점의 동쪽, 그러니까 코린토스와 대응되는 지점에 이스트미아 제전이 벌어진 이스트미아가 있다. 그곳은 사로니코스만灣으로 열려 있고, 그곳을 지나 에게해로 들어갈 수 있다.

이와 같이 이탈리아반도와 시칠리아섬에서 그리스 본토로 사람들이 빈번하게 왕래하고, 또한 그리스 본토와 펠로폰네소스반도를 오가는 사람들이 몰려들면서 생긴 병목현상이 코린토스를 부자 도시로 만들었다. 그곳에서 사람들은 며칠씩 묵었고, 아예 짐을 풀어 장사를 하자 큰 국제시장도 형성되었다. 기원전 583년에 코린토스의 참주였던 페리안드로스는 범그리스 4대 제전 가운데 하나인 이스트미아 제전을 열어 몰려든 인파에게 볼거리도 제공했다(이것은 역사인 반면, 시쉬포스가 이스트미아 제전을 개최했다는 설은 신화다). 숙박업과 요식업으로 주민들은 돈을 벌었고, 그곳을 통과하는 사람들에게 통행세를 부과하며 거래가 활발한 아고라에서 시장세를 거두면서 코린토스는 돈을 긁어모았다.

코린토스를 이끈 두 명의 참주

코린토스 사람들은 자신들의 지정학적 또는 지경학적 위치를 적극 활용했는데, 이 과정에서 두 명의 참주가 부각된다. 첫 번째 참주는 페리안드로스다. 그는 이스트모스 서쪽에 있는 코린토스만에 도착한 배를 동쪽에 있는 사로니코스만으로 옮겨줄 포장도로인 디올코스Diolkos를 닦았고, 이를 통해 코린토스는 엄청난 통행세를 챙겼다. 페리안드로스는 원래 운하를 뚫으려고 했지만 당시 기술로는 그것이 불가능하다는 것을 깨닫고 대안으로 디올코스를 닦은 것이다. 수백 년이 지난 후, 로마의 카이사르도 운하를 뚫으려는 계획을 세웠으나 착수하기도 전에 정적들에 의해 비명횡사하였고, 다섯 번째 황제였던 네로도 운하를 뚫으려는 계획을 진행시켰지만 그가 죽은 뒤에 곧바로 중단되었다. 그 후에도 여러 차례의 시도가 있었으나 모두 좌절되었다. 그들이 꿈꾸던 운하는 1893년에 와서야 비로소 뚫렸다. 그런데 많은 사람들이 예측하며 도전했던 코린토스운하는 막상 뚫고 보니 생각보다 경제성이 그리 높지 않았다. 지금은 주로 유람선들이 다니며, 중간에 놓인 다리는 번지점프를 위한 장소로 활용되고 있다. 그저 관광상품이라고 보면 되겠다.

　　나와 함께 올륌피아에서 출발한 팀이 먼저 코린토스에 도착해서 아테네에서 출발한 팀을 기다리고 있었다. 하루 떨어져 있었을 뿐이었는데, 두 팀은 만나자마자 이산가족 상봉이라도 하듯 얼싸안고 기뻐했다. 각자가 본 것들을 비교하며 나누는 대화가 오가는 가운데 점심 식사를 마치고 본격적인 코린토스 탐방이 시작되었다.

코린토스만과 사로니코스만을 연결하는 6.3킬로미터의 코린토스운하.

코린토스에 들어서면 아크로코린토스와 함께 가장 먼저 눈에 띄는 것은 7개의 도리아식 기둥이 남아 있는 아폴론 신전이다. 5개의 기둥머리 위에는 상인방上引枋도 남아 있다. 기둥 아래에는 4개의 계단이 가지런히 놓여 있다. 아주 완만하게 도드라진 평원 위에 터를 잡고 있는데, 파란 하늘을 배경으로 기둥의 갈색빛이 선명하게 부각되면서 존재감을 과시한다. 그 아래 폐허처럼 남아 있는 고대 코린토스의 시가지를 내려다보는 모양새이다. 신전을 세운 이는 코린토스의 첫 번째 참주 큅셀로스였다. 그는 평민들의 지지를 업은 뒤, 고압적으로 코린토스를 지배하던 도리아 귀족 집단 박키아다이를 몰아냈다. 기원전

66

650년이다. 위에서 말한 페리안드로스가 바로 큅셀로스의 아들이다. 두 부자에 의해 코린토스는 발전의 토대를 마련한 셈이다.

아프로디테의 선물, 사랑의 쾌락

이곳 아폴론 신전에 있던 일부 여사제들은 아주 특별한 임무를 맡았다고 한다. 사방에서 코린토스로 모여드는 뜨내기들을 상대로 '사랑을 사고파는 일'이 조직적으로 이루어졌을 때, 바로 그 여사제들이 중요한 역할을 했던 것이다. 그러나 그 일로 엄청난 고수익을 챙긴 곳은 코린토스의 남쪽에 우뚝 솟은 아크로코린토스에 있던 아프로디테 신전이었다. 아프로디테의 여사제들은 지치고 외로운 나그네들에게 아프로디테의 아름다움과 사랑을 베푼다고 생각했던 것일까? 그들은 시장의 길거리에 늘어서 있던 포르네Porné들과는 다르다며, 스스로를 헤타이라Hetaira라고 불렀는데, 앞엣것은 '창녀, 매춘부'라는 뜻인데 반해 뒤엣것은 '친구, 전우, 동반자'라는 뜻이었다.

어쨌든 코린토스를 통해 이오니아해와 에게해를 오가며, 멀리는 이탈리아반도와 소아시아를 잇는 무역으로 엄청난 돈을 번 상인들이 코린토스에 머물면서 신비롭고 아름다운 여사제들과의 사랑을 탐닉하며 돈을 아낌없이 탕진했다. 하늘에 잇닿은 듯 우뚝 솟은 아크로코린토스에 올라가 아름다운 여사제와 운우雲雨의 정을 나눈 뒤 다시 지상으로 내려왔을 때, 그들은 잊을 수 없는 달콤한 꿈을 꾼 듯 아련한 추억에 사로잡혀 헤어 나오지 못했다. 아프로디테의 은총이라 떠벌이던

코린토스의 중심에 있는 아폴론 신전. 7개의 도리아식 기둥이 남아 있다.

사내들의 꿈은 다시 대박을 터트려 주머니를 두둑하게 채운 뒤 코린토스를 찾는 것이라는 말까지 나돌았다. 전 재산을 날린 선장들은 "코린토스 여행은 아무나 하는 게 아니지"라며 짐짓 센 척을 했다. 아닌 게아니라 신전이 있던 아크로코린토스가 해발 575미터이니, 올라가는것조차 쉽지 않은 일이다.

아프로디테의 여사제는 아무나 될 수 있는 것이 아니었다. 아프로디테가 누구인가? 사랑과 아름다움의 여신, 매혹의 여신이 아닌가?일찍이 그녀는 헤라와 아테나를 물리치고 '가장 아름다운 여신'의 명예를 안았다. 트로이아 전쟁의 영웅 아킬레우스의 부모가 결혼할 때였다. 제우스는 세계를 제패한 후, '어떤 여신과의 사이에서 아들을 낳으면, 그 아들에게 권력을 빼앗기고 쫓겨날 것이다'라는 신탁을 받고 전전긍긍했다. 건드려서는 안 될 그 여신이 도대체 누굴까? 제우스는 노심초사, 잠을 이룰 수조차 없었다. 그 비밀을 알고 있던 프로메테우스를 통해 우여곡절 끝에 그 여신이 테티스임을 알게 되었다. 제우스는당장 테티스와 펠레우스의 결합을 추진했고 마침내 둘을 결혼시키게되었다.

너무나도 기뻤던 제우스는 세상에서 가장 성대한 결혼식을 열고모든 신들을 초대했다. 유일하게 초대받지 못한 신은 불화의 여신 에리스였다. 어찌 불화를 초대하여 결혼을 망칠 수 있겠는가. 화가 난 에리스는 결혼식 잔치에 찬란하게 빛나는 황금 사과 하나를 던졌다. 거기에는 "가장 아름다운 여신에게"라고 쓰여 있었다. 이를 두고 헤라,아테나, 그리고 아프로디테가 나섰다. 판정을 맡은 트로이아의 왕자파리스가 아프로디테를 황금 사과의 주인으로 선택하는 순간, 그녀는 세상에서 가장 아름다운 여신으로 공인된 셈이다. 코린토스는 가장 아름다운 여신 아프로디테를 도시의 중요한 수호신의 하나로 삼았고, 아름다움과 사랑을 지고의 가치로 삼는 도시로 알려지게 되었다. 그리고 그녀의 은총을 남성들의 욕망을 채우는 일로 연결시켜 엄청난 부를 쌓았던 것이다. 이런 이유로 코린토스는 향락적이고 부도덕한 도시로 알려지기도 했다.

아름다움과 사랑의 축제, 아프로디시아

코린토스는 아프로디테를 기리는 축제, 아프로디시아Aphrodisia를 매년 성대하게 열었다. 7월과 8월 사이였다. 그리스 신화에는 아프로디테의 탄생에 관하여 여러 가지 설이 전해져온다. 가장 유명한 것은 하늘의 신 우라노스가 그의 아들 크로노스에게 거세를 당하면서 태어났다는 것이다. 잘린 남근이 바다에 빠지자 거품이 일었고 그 사이에서 아프로디테가 태어났다는 것이다. 그와는 달리 제우스와 디오네 사이에서 아프로디테가 태어났다는 이야기도 전해진다. 플라톤은 이 둘을 모두 인정하면서 사실 아프로디테는 두 명이라고 말한 적이 있다. 우라노스의 남근에서 태어난 아프로디테는 '천상의 아프로디테Aphrodite Urania'로서 정신적 사랑과 아름다움을 지키는 반면, 제우스와 디오네의 딸은 지상의 '모든 사람을 위한 아프로디테Aphrodite Pandemos'라는 것이다. 이런 구분에 따른다면, 코린토스 사람들이 기리는 축제의 주신 아프로디테는 천상의 아프로디테가 아니라 지상의 아프로디테였던 것으로

봐야 할까?

어쨌든 이 아프로디시아 축제는 여신을 상징하는 새인 비둘기의 피로 제단과 신전을 정화하는 일로 시작되었다. 여신상을 깨끗하게 목욕시킨 후, 정결하게 청소한 신전에 다시 세우는 일이 중요한 행사였다. 여사제들을 비롯한 아프로디테 밀교의식의 참가자들에게는 소금과 남근 모양의 빵이 주어졌다. 거세된 우라노스의 남근이 바다에 빠지자 거품이 생기더니 아프로디테가 태어났다는 전설 때문에 생긴 의식이다. 코린토스는 그런 아프로디테를 수호신으로 섬겼다. 아름다움과 사랑을 최고의 가치로 여겼기 때문이기도 하겠지만, 부를 가져다준 아프로디테에 대한 감사와 욕망이 투영된 것이기도 하다.

비극적 신화가 깃든 두 개의 샘

아프로디테의 도시였던 코린토스에는 역설적이게도 비극적인 여인들과 관련된 두 개의 유명한 샘이 있다. 우선 아폴론 신전 서쪽에 있는 글라우케 샘에 얽힌 이야기를 보자. 글라우케는 코린토스의 왕 크레온의 딸이었다. 어느 날, '황금 양털의 모험'으로 이름을 날린 이아손이 코린토스에 왔다. 크레온은 그를 사위로 삼고 싶어 안달이 났다. 그러나 이아손은 아들이 둘이나 딸린 유부남이었다. 보통은 '아깝다'며 포기할 일인데, 크레온은 욕심을 버리지 않았다. 이아손의 아내 메데이아와 두 아들을 내쫓고 기어이 그를 사위로 삼으려 했다. 메데이아는 분하고 억울했다. 더욱 분통이 터지는 것은 이아손이 크레온의 제안을 덥석 물더니 자신을 버리고 새장가를 가겠다고 들뜬 꼴이었다. 가만히 앉아서 당할 메데이아가 아니었다. 그녀는 결혼을 축하하며 코린토스를 떠나겠노라 선언하고 공주에게 아름다운 옷과 화관을 선물했다. 순진하게 기뻐하며 선물을 몸에 걸치는 순간, 공주는 순식간에 화염에 휩싸였고 딸을 구하려던 크레온도 함께 타버렸다. 메데이아가 마법을 쓴 것이다. 공주는 샘에 몸을 던졌지만 불길은 꺼지지 않았고, 그녀는 잿더미가 되었다. 그때부터 글라우케 샘이라 불린다.

한편, 아폴론 신전 동쪽에는 페이레네 샘이 있다. 페이레네는 요정이었고 포세이돈의 사랑을 받았다. 둘 사이에는 레케스라는 아들이 태어났지만, 아르테미스 여신의 실수로 목숨을 잃었다. 페이레네는 아들의 죽음에 슬퍼 하염없이 눈물을 흘리다가 그만 온몸이 녹아내려 샘물이 되었다. 그래서 페이레네 샘이 되었고, 거기서부터 항구까지 닦인 길은 레카이온 길이라고 불렀다. 나중에 영웅 벨레로폰테스는 이샘 곁에서 물을 마시고 있던 날개 달린 말 페가수스를 발견했고, 그 말을 타고 무시무시한 괴물 키마이라를 물리쳤다. 그는 코린토스를 세운 전설적인 인물 시쉬포스의 손자였다.

아크로코린토스의 아프로디테 신전 뒤편에도 페이레네 샘이 있다. 그렇다면 페이레네는 도대체 어디에서 통곡의 눈물을 흘리다가 샘이 된 것일까? 코린토스인들은 페이레네 샘이 시작된 곳은 아크로코린토스인데, 그 물이 지하로 흘러 아래쪽에도 또 하나의 페이레네 샘이 생겼다고 믿었다. 다른 이야기도 전해진다. 아크로코린토스의 샘은 강물의 신 아소포스가 시쉬포스에게 베푼 선물이라고도 한다. 제우스가 아소포스의 딸 아이기나를 납치했을 때, 시쉬포스가 이 사실을 아소포

비극적인 운명을 맞이한 두 여인과 관련 있는 글라우케 샘(위)과 페이레네 샘(아래).
글라우케 샘 뒤편에 아폴론 신전이 보인다.

스에게 알려주었다. 아소포스는 딸의 행방을 알려준 시쉬포스에게 이 샘물이 솟아나도록 해주었다. 코린토스를 세우고 높은 곳에 도시의 중심지를 만들었던 시쉬포스에게는 아크로코린토스에 사는 사람들을 위한 샘물이 절실했었기에, 아소포스의 선물은 무척 반가운 것이었다.

그러나 아소포스가 딸을 되찾는 일은 쉽지 않았다. 상대가 천하의 제우스가 아니던가! 앞에서도 이야기했던 것처럼, 아소포스는 딸을 되찾기 위해 제우스를 추격했지만, 제우스는 번개를 던져 추격을 따돌렸고, 번개에 놀란 아소포스는 다시 강물 속으로 도망갔다. 시쉬포스가 고자질한 것에 화가 난 제우스는 그가 죽자, 저승세계에서 산꼭대기로 커다란 바위를 굴려 올리고, 굴러 떨어지면 다시 굴려 올리는 영원한 벌을 내렸다. 아크로코린토스를 보는 순간, 땀을 뻘뻘 흘리며 산꼭대기 위로 커다란 돌덩이를 굴리며 올라가는 시쉬포스의 모습이 떠오른다. '시쉬포스'라는 이름은 그가 산꼭대기로 바위를 굴리며 힘겹게 내뱉던 가쁜 숨소리를 그대로 닮아 있다. 아마도 그가 수없이 많은 무거운 건축자재를 가파른 아크로코린토스 꼭대기로 쉴 새 없이 옮기도록 지시한 것에 불만을 품은 사람들이 노역을 강제한 시쉬포스가 저승에 가면 산꼭대기 위로 영원히 돌을 굴리게 될 것이라며 원망 섞인 저주처럼 지어낸 이야기가 아닐까.

코린토스에서 머물던 바울

아폴론 신전에서 내려와 도심을 걷다 보면 광장처럼 잘 닦인 넓은 공터가 있다. 아고라다. 그곳에 울창한 나무 한 그루가 제법 넓은 그늘을 만들어 쉼터를 이룬다. 작열하는 태양을 피할 수 있는 오아시스 같은 곳이다. 나무 아래는 사람들이 앉아 쉴 수 있도록 널찍한 돌들이 벤치처럼 놓여 있다. 그리고 그 옆에 제단같이 쌓아 올려진 곳이 있는데, 안내판에는 그곳이 바울이 올라가서 그리스도교를 설파한 강단이었다는 설명이 있다. 실제로 바울은 서기 51년부터 52년까지 약 1년 6개월 동안 코린토스에 머물렀다. 마침 그때 그곳에는 클라우디우스 황제가 모든 유대인들을 로마에서 추방한 탓에 로마에서 추방되어온 아퀼라라는 유대인이 있었다. 바울은 그의 집에 머물면서 함께 천막 만드는 일로 생계를 꾸려가며 지냈다.

그가 나중에 에페소스로 갔을 때, 코린토스에 있던 그리스도교인들에게 보낸 편지는 코린토스가 얼마나 '아프로디테'에 물들어 살아가고 있었는지를 여실히 고발하고 경고한다. 그는 아프로디테의 여사제들이 의도적으로 거부했던 '창녀porne'와 직접 관련된 단어를 사용하면서 그들과 몸을 합하지 말라고 경고한다.

음행porneian을 피하십시오. 사람이 범하는 죄마다 다 몸 밖에 있지만, 음행하는 자는 자기 몸에 죄를 범하는 것입니다. 여러분의 몸은 여러분이 하나님께로부터 받은 것이며, 성령이 머무는 성전이며, 여러분 자신의 것이 아님을 모르십니까? 그러니 여러분의 몸으로 하나님께 영광을 돌리십시오.
_〈고린도전서〉 6장 18~20절.

76

5

활짝 핀 문명,
비극으로 막을 내리다

::::: **뮈케네 문명** :::::

코린토스에서 뮈케네로

코린토스의 아고라에 있던 연단으로부터 북쪽으로 잘 닦인 길이 나 있다. 길의 입구 오른쪽에는 페이레네 샘이 있다. 옛날엔 그 길이 북쪽의 레카이온 항구로 이어졌다. 그곳에서 코린토스만을 거쳐 이탈리아반도로 통했다. 레카이온 길이 시작되는 지점에 프로퓔라이아(정문)가 있었는데, 로마의 초대 황제 아우구스투스가 세운 것이라고 한다. 지금은 초석만이 남아 있다. 그 길은 일부만 남아 있고, 유적지 너머에는 지금을 사는 코린토스 사람들의 집과 도로가 세워져 있다.

코린토스에서 차로 30분쯤 달리면 40킬로미터가 조금 안 되는 거리에 있는 뮈케네에 도착한다. 그곳으로 가면서 독일의 고고학자 하인리히 슐리만(1822~1890년)을 떠올렸다. 그는 호메로스가 지은 《일리아스》와 《오뒷세이아》를 시인이 지어낸 허구가 아니라 엄연히 실재했던 역사라 믿었다. 일곱 살 때 크리스마스 선물로 받은 그림책이 그에게 평생의 꿈을 심어주었다. '영웅들의 궁전을 찾아가리라.' 가난 때문에 14세부터 식료품점에서 일했던 그는 한 주정뱅이가 《일리아스》의 한 부분을 구성지게 낭독하는 것을 듣고선 견딜 수 없는 뜨거움을 느꼈다. 악착같이 일하며 사업에서 성공한 그는 48세의 나이에 꿈을 향해 떠났다. 터키의 히사를리크에서 발굴을 시작한 그는 층층이 쌓인 아홉 개의 도시와 황금 유물을 발견하고, 트로이아와 프리아모스의 보물이라고 발표했다. 하지만 그것은 프리아모스의 시대보다 천 년 정도 앞선 시대의 유물이었다. 어린 시절 이래 그를 계속 감동시키고 그의 의식을 지배했던 이야기들이 그로 하여금 보고 싶은 대로 보게 만든 것이다.

얼마 후 그는 그리스의 펠로폰네소스반도 동북쪽 카르바티라 불리는 곳으로 갔다. 1876년의 일이다. 무너진 성벽에 오래된 먼지가 두껍게 덮인 산에서 화려하고 거대한 도성을 상상할 수 있었던 슐리만은 전설의 뮈케네를 찾아냈다. 그곳 초입에서 원형의 구조물을 파헤쳐 수많은 금제 유물들을 캐내었고, 그곳이 뮈케네 왕족의 무덤임을 밝혀냈다. 그곳에서 발견된 유물들 가운데 가장 유명한 것은 '황금 가면'이었다. 슐리만은 흥분했다. 가면의 주인공은 트로이아 전쟁에서 총사령관이었던 아가멤논이라고 확신했다. 그러나 그것은 아가멤논의 시대로부터 4세기 정도 앞선 것이었다. 역시 그는 보고 싶은 대로 보고 믿고

뮈케네 왕족 무덤 터. 원형의 구조물 형태로, '황금 가면'이 이곳에서 발굴되었다.

싶은 대로 믿었다. 뮈케네의 요새로부터 약 500미터 떨어진 산속에서 슐리만은 커다란 무덤도 발견했다. 그는 그것이 아가멤논이 묻힌 곳이라고 생각했고, 아가멤논의 아버지의 이름을 갖다 붙여 '아트레우스의 보고寶庫'라고 명명했다. 그러나 이번에도 슐리만은 틀렸다. 그럼에도 불구하고 그가 잘못 붙인 이름은 지금도 계속 쓰이고 있다. 그 이름은 사실 슐리만의 오해에서 비롯되었다는 설명과 함께.

잔혹한 권력 투쟁의 전설

호메로스는 뮈케네를 '길이 넓고 황금이 넘쳐나는' 도시로 묘사했다.

천하를 호령했던 이 도시에서 본격적으로 시작된 그리스 문명을, 이 도시의 이름을 따라 '뮈케네 문명'이라고 부른다. 기원전 25년경, 고대 그리스의 지리학자 스트라본이 이곳을 찾았을 때 찬란했던 뮈케네는 없었다. 그로부터 200여 년 뒤, 또 다른 지리학자 파우사니아스도 그곳에서 페르세우스의 샘물만을 어렴풋이 그려냈을 뿐이다. 찬란했던 뮈케네는 트로이아 전쟁 이후 도리아인들에게 짓밟히고, 인근의 아르고스에 의해 폐허가 된 이후, 30세기 가까이 그렇게 버려져 있었다.

파우사니아스는 페르세우스가 뮈케네를 세웠다고 전한다. 제우스가 황금 소나기로 변해 다나에와 사랑을 나눈 뒤에 태어난 페르세우스는 눈만 마주쳐도 돌로 변한다는 메두사를 처치했다. 그는 목이 잘린 메두사의 몸뚱이에서 솟아난 날개 달린 말 페가수스를 타고 지중해를 질주하며 바다 괴물과 싸워 안드로메다를 구했다는 이야기로 유명하다. 그는 어머니의 고향인 아르고스로 돌아갔지만, 그가 던진 원반이 할아버지를 죽게 하자 아르고스를 떠날 수밖에 없었고, 뮈케네를 세워 다스렸다는 것이다. 뮈케네의 세 번째 왕은 페르세우스의 아들 스테넬로스였는데, 그는 엘리스의 펠롭스 왕의 딸 니킵페와 결혼했다. 독자들은 올림피아에서 이미 펠롭스를 만난 적이 있다. 펠로폰네소스 반도에 자신의 이름을 새겼던 그 유명한 펠롭스 말이다.

펠롭스에게는 니킵페라는 딸 외에도 아트레우스와 튀에스테스라는 쌍둥이 아들이 있었다. 그런데 그들이 이복동생을 함께 죽이자 분노한 펠롭스는 쌍둥이를 쫓아냈다. 이들은 누이의 나라 뮈케네로 피신했다. 당시 페르세우스의 손자였던 에우뤼스테우스는 뮈케네의 네 번째 왕이었는데, 헤라클레스의 아들 휠로스에게 목숨을 잃고 말았다. 휠로스는 에우뤼스테우스만 죽인 것이 아니라 그의 자식들까지 모두 죽였다. 그 때문에 뮈케네에는 더 이상 왕위를 계승할 페르세우스의 자손이 없게 되었다. 뮈케네인들은 마침 뮈케네에 머물던 니킵페의 쌍둥이 형제 가운데 튀에스테스를 왕으로 삼았다. 그러자 갑자기 해가 방향을 바꿔 동쪽으로 졌다고 한다. 사람들이 깜짝 놀라자, 아트레우스는 태양이 방향을 바꾼 것처럼 튀에스테스를 왕으로 선택한 결정도 바꾸어야 한다고 주장했다. 사람들은 그의 말에 설득되었다. 마침내 아트레우스가 뮈케네의 왕이 되었고, 튀에스테스는 졸지에 뮈케네에서 쫓겨나고 말았다.

튀에스테스에게는 아이기스토스라는 아들이 있었다. 그는 아버지의 억울함을 풀기 위해 복수의 칼을 갈았고 마침내 아트레우스를 제거하는 데 성공했다. 이렇게 해서 튀에스테스는 다시 뮈케네의 왕이 되었다. 죽임을 당한 아트레우스에게는 아가멤논과 메넬라오스라는 두 아들이 있었다. 아버지가 죽임을 당하자 이들은 삼촌의 칼날을 피해 뮈케네를 떠나야 했다. 이들이 피해 달아난 곳은 스파르타였다. 그곳에서 형제는 튄다레오스의 쌍둥이 딸인 클뤼타임네스트라와 헬레네와 결혼했다. 아가멤논은 클뤼타임네스트라와, 메넬라오스는 천하의 미인 헬레네와 결혼한 것이다. 부마의 권한으로 스파르타 군대를 얻은 두 형제는 아버지의 원수를 갚고 빼앗긴 왕권을 찾기 위해 뮈케네로 향했다. 복수는 성공했고, 튀에스테스는 뮈케네에서 쫓겨나 펠로폰네소스반도 남쪽에 있는 퀴테라라는 작은 섬에서 쓸쓸하게 생을 마감해야 했다. 복수에 성공한 아가멤논은 뮈케네의 왕이 되었고, 동생 메넬라오스는 튄다레오스의 뒤를 이어 스파르타의 왕이 되었다.

이렇게 해서 아가멤논은 뮈케네의 왕이 되었다. 지금까지의 이야기보다는 그가 왕이 된 이후의 이야기가 훨씬 더 유명하고, 그것 때문에 아가멤논은 신화와 전설, 특히 그리스 비극의 중심인물 가운데 하나가 된다. 그래서 슐리만은 원형의 왕족 무덤에서 황금 가면을 발견하는 순간 '아, 아가멤논'이라고 직감했던 것이다. 아가멤논을 아는 사람이라면 뮈케네를 둘러보는 내내 그를 떠올릴 수밖에 없다. 우리 일행은 뮈케네로 가기 전에 '아트레우스의 보고'에 들렀다. 언덕처럼 보이는 봉분에는 언덕의 경사면을 따라 돌담처럼 진입로가 조성되어 있고, 출입구는 직사각형의 문 위에 삼각형의 통풍구 같은 것이 뚫려 있다. 내부는 럭비공 모양의 타원형으로 조성되어 있고 소리를 내면 울림이 그윽하다. 그곳을 발견한 슐리만은 그곳 역시 아가멤논과 직결시켜 아가멤논의 무덤이라고 불렀다. 그만큼 뮈케네는 서양인들에게 아가멤논의 도시로 여겨졌던 것이다.

뮈케네의 본격적인 시작은 요새처럼 조성된 도성 안으로 들어가는 '사자의 문'이다. 두 마리의 사자가 크레타식 기둥 받침대에 앞발을 올려놓고 마주하는데, 머리는 잘려나간 상태다. 사자 밑으로 길고 커다란 돌덩이가 통째로 상인방을 이루고, 두 개의 돌기둥이 상인방을 지탱하며 땅에 박혀 있다. 문에서 좌우로 거대한 성벽이 길게 늘어서 입구를 이루는데, 돌덩어리 하나하나가 어마어마하다. 땅(가이아)과 하늘(우라노스)의 아들 외눈박이 거신 퀴클롭스 3형제가 만들었다는 전설이 전해질 정도다. 트로이아 전쟁을 위한 출정식 때도, 전쟁에서 승리

뮈케네의 시작, 사자의 문.
두 마리의 사자가 크레타식 기둥 받침대에 앞발을 올려놓고 마주하고 있다.

한 후 개선할 때도 아가멤논은 군대를 이끌고 이 문을 통과했고, 그 행렬을 따라 뮈케네 사람들이 파도처럼 밀려들어와 열렬히 환호성을 질렀을 것이다. 그리고 그의 아내 클뤼타임네스트라는 분명 문 앞까지 나와 그를 배웅하고 마중했을 것이다.

사자의 문과 이어지는 성벽은 기원전 1350~1300년 사이에 축조된 것으로 추정된다. 그 전에는 산 정상에 세워진 왕궁과 그 부속 건물을 둘러싼 성벽만 있었지만 뮈케네가 번영하면서 확장된 것이다. 사자의 문을 통과하면 오른쪽에 원형의 왕족 무덤이 보인다. 바로 거기에서 슐리만이 '아가멤논의 가면'을 찾아냈다. 그뿐만이 아니라 수많은 금제 유품들이 쏟아져 나왔다. 호메로스의 말은 틀리지 않았다. 뮈케네는 '길이 넓고 황금이 넘쳐 나는' 도시였음에 틀림없다.

천하를 호령하던 아가멤논의 죽음

트로이아 전쟁에서 승리한 아가멤논도 그 곁을 지나 왕궁으로 향했지만, 그는 며칠 후 그곳에 묻히게 될 판이었다. 슐리만이 추정한 대로라면 '아트레우스의 보고'가 그의 무덤이 되었을 테고. 어쨌든 그는 죽을 운명이었다. 아내가 그를 노리고 있었기 때문이다. 아가멤논이 그리스 연합군을 아울리스에 모았을 때 바람이 불지 않아 트로이아로 출항할 수가 없었다. 아르테미스 여신이 노했기 때문인데, 유일한 방법은 아가멤논의 딸을 제물로 바치는 것이었다. 클뤼타임네스트라는 전쟁을 위해 딸을 희생시킨 아가멤논에게 분노했고 10년 동안 복수의 도끼날을 갈고 있었다. 개선식이 끝나고 따뜻한 목욕물에 몸을 담그고 여독을 풀던 아가멤논은 저항할 틈도 없이 불의의 일격을 당했다. 그렇게 방금 지나쳐 온 원형의 왕족 무덤이 그의 영원한 잠자리가 되었다.

　아가멤논의 암살은 클뤼타임네스트라의 단독 범행은 아니었다. 그녀의 곁에는 튀에스테스의 아들 아이기스토스가 있었다. 아가멤논과 메넬라오스에게 쫓겨난 아이기스토스는 아버지의 원수를 갚기 위한 계획을 세웠던 것이다. 트로이아의 왕자 파리스가 스파르타를 찾아와 헬레네를 납치하자, 아내를 빼앗긴 메넬라오스는 아가멤논에게 도움을 청했고, 둘은 그리스 전역에서 전사들을 모아 트로이아를 향해 떠났다. 아가멤논이 10년 동안 전쟁을 치르며 집을 비운 사이, 아이기스토스는 클뤼타임네스트라에게 접근했다. 둘은 아가멤논에 대한 적대감에 뜻을 함께할 수 있었고 암살을 모의할 수 있었다. 아이기스토스는 클뤼타임네스타라에게 가장 적절한 동지가 될 수 있었고, 그들의 계획은 완벽하게 성공했다.

아가멤논이 비명횡사했던 현장으로 가려면 사자의 문과 왕족 무덤을 지나 지그재그로 산의 정상까지 올라가야 한다. 그 길 옆으로는 도성 안에 살던 고위층 인사들의 집이 줄지어 있었을 것이나 침략자들의 참혹한 파괴 탓에 지금은 흔적이 별로 없다. 반면 정상에는 최초의 성벽과 왕궁 터가 비교적 선명하게 남아 있다. 그곳에 서면 섬뜩한 상상을 하게 된다. 어디쯤에서 아가멤논은 아내의 도끼를 맞았을까? 아이기스토스는 어디쯤에서 이 모든 사건을 쳐다보고 있었을까? 암살에 성공한 두 사람은 뮈케네의 왕권을 쥐고 바로 이곳에서 수년 동안 복수의 기쁨을 누리고 있었다.

엘렉트라와 오레스테스의 복수

아가멤논의 비극은 그것으로 끝나지 않는다. 더 처절한 복수의 이야기가 이어진다. 아가멤논의 자식 엘렉트라와 오레스테스의 이야기다. 그들은 아버지의 복수를 꿈꾼다. 억울하게 죽은 아버지의 원수를 갚기 위해서는 어머니를 죽여야 한다. 그것이 마음에 걸린다. 그러나 친모 살해의 대죄를 피하겠다고 마음먹는다면 아버지의 원혼을 달래지 못한다. 어머니의 손길을 피해 숨어 지내던 어린 오레스테스는 성인이 되자 복수를 위해 뮈케네로 돌아온다. 그는 두렵고 떨린다. 과연 그의 복수는 성공했을까?

그리스 3대 비극 작가는 남매의 복수극을 서로 다른 방식으로 무대에 올렸다. 비극 작가 아이스퀼로스는 아가멤논의 무덤가에서 극을 시작하는데, 오레스테스가 복수를 결의하는 장면이다. 때마침 엘렉트라는 클뤼타임네스트라의 지시에 따라 아버지의 무덤에 제주를 바치러 오다가 극적으로 동생을 만난다. 슐리만의 추측대로라면, 둘은 사자의 문을 지나 원형 왕족 무덤에서 만났을 것이다. 그곳에 서면, 어디쯤에서 둘이 만나 복수의 계획을 짰을까, 한동안 멈춰 상상하게 된다. 궁전으로 잠입한 오레스테스는 먼저 클뤼타임네스트라의 정부情夫 아이기스토스를 칼로 찌르고, 칼에서 피가 마르기도 전에 어머니를 겨냥한다. 살려달라고 애원하는 클뤼타임네스트라에게 오레스테스는 울부짖는다. "어머니는 죽여서는 안 될 사람을 죽였으니 받아서는 안 될 고통을 받으셔야죠. (…) 제가 아니라 어머니가 어머니 자신을 죽이는 거예요."

또 다른 비극 작가 소포클레스는 복수극의 서막을 왕궁 앞에서 시작한다. 엘렉트라는 아버지를 위한 복수에 언제나 이글거리고, 아가멤논의 무덤에 제주를 바치라는 어머니의 지시를 거부한다. 아이스퀼로스의 엘렉트라보다 훨씬 강한 모습이다. 아이기스토스가 궁을 비운 사이 오레스테스는 엘렉트라를 만나 함께 왕궁으로 들어간다. 잠시 후에 엘렉트라는 다시 나와 주위를 살핀다. 소포클레스의 비극에서는 오레스테스가 어머니에게 칼을 들이대려는 순간에 아직 아이기스토스가 죽지 않은 상태다. 오레스테스는 먼저 어머니를 찌른다. 엘렉트라는

뮈케네 궁전 터에서 바라본 뮈케네 평원. 병풍처럼 높은 산이 에워싸고 있다.

아이기스토스가 오기 전에 오레스테스의 복수가 성공하길 바라며 초조하게 망을 보고 있다. 마침내 궁전 안에서는 클뤼타임네스트라가 울부짖는다. "내 아들아, 이 어미를 불쌍히 여겨다오." 그러나 오레스테스의 칼날은 자비를 모른다. "아, 나를 찌르다니. (…) 아아, 또 찌르다니." 약 3200여 년 전 뮈케네의 궁전에서 울려 퍼졌을 클뤼타임네스트라의 비명이 들리는 듯하다. 오레스테스의 복수가 성공하자, 잠시 후 아이기스토스가 등장한다. 그는 지금 궁전 안에서 어떤 일이 벌어지고 있는지 알지 못한다. 번뜩이는 눈으로 오레스테스가 나타나 그의 머리채를 잡고 두 번째 복수의 가격을 위해 궁전 안으로 들어가면서 소포클레스의 비극은 막을 내린다.

뮈케네 궁전은 터가 좋다. 동쪽으로는 병풍처럼 높은 산이 둘러서 적들의 방어에 용이하고, 서쪽으로는 넓은 평원을 한눈에 볼 수 있는 탁 트인 전망이 일품이다. 아가멤논은 아침에 일어나 서쪽 평원에서 백성들이 농사를 짓는 모습을 바라보았을 것이다. 에우리피데스는 복수의 무대를 왕궁이 아닌 뮈케네 변경의 언덕 위에 있는 초라한 농가로 잡았다. 어머니에 의해 강제로 결혼한 엘렉트라는 궁전에서 쫓겨나 있었다. 그곳으로 오레스테스가 찾아오고, 둘은 어머니를 잡을 함정을 판다. 엘렉트라가 아이를 낳았다는 거짓 전갈을 궁으로 보내 클뤼타임네스트라를 유인한 것이다. "오레스테스와 나는 아버지의 원수를 갚기 위해 어머니를 죽여야 해요. 어머니의 행위가 정당한 것이라면 우리의 행위도 정당해요." 에우리피데스의 엘렉트라는 훨씬 더 강력하다. 그녀는 농가를 찾아온 어머니를 오레스테스와 함께 찌른다. "얘들아, 제발 이 어미를 죽이지 마라!" 그러나 둘의 서슬 퍼런 칼날은 멈추지 않았다.

왕궁 터에 서서 평원을 내려다보며, 에우리피데스의 두 남매는 어디쯤에서 아버지를 죽인 어머니를 죽였을까, 생각하니 가슴이 먹먹해진다. 그렇게 뮈케네의 문명은 몰락하고, 그리스는 암흑기로 접어들었다.

6

치유의 역사가 이루어지는
거룩한 신전

::::: 아스클레피오스 신전 :::::

의술의 신 아스클레피오스의 고향으로

뮈케네에서 동쪽으로 1시간쯤 차로 달리면 에피다우로스에 도착한다. 펠로폰네소스반도는 거대한 공룡 발자국 같다. 에피다우로스는 공룡의 오른쪽 발에서 엄지발가락이 삐져나오는 마디쯤에 자리하고 있는 셈이다. 이틀째 차를 타고 펠로폰네소스반도를 동서로 가로질러 옮겨다니며 차창을 오래 내다보니 그리스의 산이 대체로 척박해 보였다. 숲이 울창하게 우거진 산은 그리 많이 보이지 않고, 듬성듬성 털 빠진 강아지의 피부가 드러나듯이 밝은 갈색 흙이 드러난 산이 자주 보인다. 그 산을 덮은 간헐적인 초록빛도 키 작은 관목들이 대부분이다. 그

런데 에피다우로스에 도착하니 좀 달랐다. 산들이 제법 푸르렀고, 에피다우로스 안으로 들어오니 나무들이 상당히 컸다. 올륌피아에서 코린토스로 올 때 보던 풍경에 비하면, 에파다우로스로 오는 길과 이곳의 풍경은 아주 건강하다는 느낌을 갖게 되는 것은 편견이었을까? 이곳이 다름 아닌 의술의 신, 아스클레피오스의 고향이기 때문이다.

　이 글을 쓰고 있는 지금, 아스클레피오스가 간절하게 느껴진다. 코로나19 팬데믹에 대한 두려움과 피로감이 전 세계적으로 여전히 만연한 상태이기 때문이다. 백신접종률이 높아지면서 조금씩 나아지고 있다곤 해도 지금까지 경험하지 못한 힘든 상황의 끝이 잘 보이지 않는다. 여전히 터널 속이다. 모두가 힘든 가운데, 각별히 고단한 시기를 보내는 이들은 방역 담당자들과 의료진이다. 그들의 노력 덕택에 우리의 두려움 이상으로 사태가 악화되진 않고 최악의 상황은 피하는 것 같다. 옛 그리스인들이라면 이들의 헌신을 신비로운 눈으로 바라보았을 것이다. 실제로 그들은 '의사'와 '간호사'를 한갓 인간이 아니라 의술의 신 아스클레피오스의 사제들이고 후예라 믿었다. 병으로 고통을 겪고 죽어가는 사람들을 살리는 의술은 연약한 인간에게 신이 베푸는 은혜로운 섭리로서 경외의 대상이었으며, 병원은 치유의 역사가 이루어지는 거룩한 신전이었다.

그런데 그 신전의 주인 아스클레피오스는 원래 신이 아니었다. 그의 아버지는 태양의 신 아폴론이었지만 그의 어머니 코로니스가 인간이었기 때문에 둘 사이에 태어난 아스클레피오스는 반신반인半神半人 영웅일 뿐이었다. 신이 아닌 그는 어떻게 신이 되었을까?

아스클레피오스의 기구한 탄생

그의 탄생은 기구했다. 코로니스는 테살리아 지방에 살던 라피테스인들을 다스리던 플레귀아스 왕의 딸이었다. 아폴론은 그녀의 아름다움에 반해 그녀를 애인으로 삼았다. 코로니스는 아폴론의 총애를 감격스러워했지만, 불경스럽게도 다른 사내를 마음 깊이 품고 있었다. 기우에 의한 판단 착오였다. 불멸의 신이 죽을 수밖에 없는 여인에게 품은 사랑이란 영원할 수 없으며 언젠가는 버림받을 것이라는 걱정이 그녀의 마음을 흔들어놓았던 것이다. 코로니스와 청년은 몰래 만나 뜨겁게 사랑을 나누었다.

이 사실을 안 아폴론은 진노했고 화살을 쏘아 사내의 목숨을 단박에 끊어버렸다. 한편, 아폴론의 누이 아르테미스 여신은 괘씸한 코로니스를 향해 활시위를 당겼다. 아니, 코로니스도 아르테미스가 아니라 아폴론이 직접 쏘았다는 전설도 있다. 화살에 맞아 죽어가던 코로니스는 아폴론에게 이렇게 말했다. "아폴론님, 저는 벌을 받아 마땅합니다. 하지만 제 뱃속에 있는 우리의 아이가 태어난 뒤에 벌을 받았으면 좋을 뻔했어요. 저의 죄 때문에 죄 없는 아이까지 함께 죽어가네요." 아차 싶었던 아폴론은 황급히 코로니스를 살려내려고 했지만 소용없었다. 의술의 신이었던 아폴론조차 영혼이 빠져나간 몸속으로 파고드는 싸늘한 죽음을 막을 수가 없었다. 화장의 의식에서 불길이 코로니스의 몸을 뒤덮으려는 순간, 아폴론은 그녀의 배를 가르고 아이를 꺼냈다. 태어나지도 못하고 죽을 뻔한 아스클레피오스의 생명이 기적적으로 건져진 순간이었다. 그는 곧 영웅들의 스승 켄타우로스족의 현자 케이론에게 맡겨져 양육되었다. 케이론에게서 많은 것을 배웠지만, 아스클레피오스에게 가장 요긴한 것은 바로 의술이었다.

그의 의술 능력은 선천적인 것이었다. 어둠을 비추는 태양이 그렇듯, 아폴론은 어둠으로 상징되는 모든 것들을 이겨내는 신비로운 힘이 있었다. 의술도 병마의 고통과 죽음의 공포라는 어둠을 물리치는 밝은 태양과 같은 것으로 이미 아폴론의 것이었다. 그렇게 아폴론의 의술은 아스클레피오스에게 유전되었다. 어린 아스클레피오스가 케이론에게 맡겨졌을 때, 케이론의 딸 오퀴로에는 아이를 보고 예언했다. "온 세상에 구원을 가져다줄 소년이여, 어서 자라라. 죽을 수밖에 없는 육신들이 너에게 종종 빚을 지겠구나. 너는 죽은 자의 영혼을 되살릴 권능을 가질 것이며, 죽지만 부활하여 신이 될 것이다." 마치 예수의 탄생을 찬양하던 천사들의 메시지를 듣는 듯하다.

오퀴로에의 예언은 축복이 전부가 아니었다. 죽은 이들도 살려 내는 능력 때문에 불멸의 신들의 노여움을 사게 되고, 그로 인해 죽게 될 것이라는 불길한 예언도 덧붙여졌다. 그렇다면 그렇게 비참하게 사라져버리는 것이 끝일까? 아니었다. 벼락에 맞아 주검이 되지만, 죽음을 이겨내고 다시 살아나 신이 될 것이라고 부활의 예언이 덧붙여졌다. 반신반인으로 태어났지만 완전한 신이 되어 영원한 생명을 누리리라는 것이다.

아스클레피오스의 죽음과 부활

아스클레피오스는 에피오네와 결혼했다. 에피오네Epione는 '진정시키는 이, 가라앉히는 자'라는 뜻이었으니, 아스클레피오스와 찰떡궁합이다. 둘 사이에 태어난 자녀들도 모두 의술의 귀재였다. 그중 다섯 딸의 이름은 휘기에이아(위생), 이아소(회복), 아케소(치료), 아이글레(화색), 판아케이아(모든 이들의 치유)였다. 이들은 아버지를 도와 신전의 여사제로서 일했으며, 이름에서 알 수 있듯이 환자의 치료와 회복을 돕는 특급 간호사들이었다. 세 아들도 아버지를 돕는 신전의 사제이자

의사였고, 그중 둘은 트로이아 전쟁에 그리스 연합군의 군의관으로 참전했다. 이 신화에 비추어보면, 우리가 아플 때마다 찾는 병원은 옛 그리스에서는 거룩한 신전이었으며, 우리를 돌보는 의사는 아스클레피오스 신과 같고, 환자들을 돌보는 간호사들은 신의 딸처럼 신비로운 존재인 셈이다.

한편, 의술은 여타 불사의 신들에겐 불편한 것이었다. 특히 저승의 신 하데스는 당혹스러웠다. 아스클레피오스가 자연의 법칙을 거슬러 늙고 병들어 죽어야 할 사람들을 치유하고, 심지어 죽은 사람까지 되살려내자 저승세계의 출입구가 한산해진 것이다. '이러다가 아무도 오지 않겠군!' 걱정이 된 하데스는 제우스에게 불만을 터트렸고, 이에 추동된 제우스는 번쩍이는 번개를 냅다 던졌다. 졸지에 아스클레피오스는 번개를 맞고 목숨이 꺼져버렸다.

이대로 끝인가? 아니었다. 아스클레피오스의 죽음까지 오퀴로에의 예언대로 이루어졌듯이, 그 이후의 운명도 예언대로 이루어질 것이다. 아들의 죽음을 안 아폴론은 제우스에게 항의했고 보복했다. 아들을 죽인 제우스의 번개를 만드는 외눈박이 거신 퀴클롭스를 죽인 것이다. 격노한 제우스와 아폴론 사이에 지난한 신경전이 지속되었다. 이로 인해 아폴론은 인간 아드메토스 왕의 하인처럼 일해야 하는 벌을 받았다. 마침내 제우스는 아스클레피오스를 불쌍히 여겨 하늘의 별자리로 빛나게 하고, 나아가 불사의 신으로 부활시켜 올림포스에 거주하게 하였다. 한갓 인간에서 불멸의 신이 된 것이다.

로마가 제국으로 군림하던 때, 식민지 유대 땅에 예수가 태어났다. 그도 아스클레피오스처럼 신과 인간 여인 사이에서 태어났다. 예수는 가난한 민중의 친구로서 수많은 병자들을 고쳤으며 죽은 이도 살려냈으나, 유대 종교 지도자들의 미움을 사 십자가에 못 박혀 죽었다. 그의 제자들은 그가 다시 살아나 승천했다고 주장했다. 심지어 예수는 인간이지만 동시에 신의 아들이며 신 자체라고까지 했다. 유대인들의 흥미로운 이야기를 접한 로마제국의 이방인들은 어떤 생각을 했을까? 그들은 그 이야기를 낯선 것으로 조롱하고 거부하기보다는 '유대판 아스클레피오스'의 신화라고 귀담아 듣고 끄덕였을 것 같다. 나중에 로마가 기독교를 국교로 삼게 되었던 것에 이런 배경이 깔려 있다고 한다면 너무 지나친 말일까?

아스클레피오스의 고향, 에피다우로스

고대 그리스 곳곳에 300여 개나 있던 아스클레피오스 신전은 그리스인들에게 병원 노릇을 했다. 그 신전을 '아스클레피에이온Asklepieion'이라고 한다. 아테네의 디오뉘소스 극장 옆에도 있었고, 의학의 아버지 히포크라테스의 고향 코스섬에도 여전히 웅장한 자태를 지키며 값진 유적으로 남아 있다. 그러나 가장 유명한 아스클레피에이온은 에피다우로스에 있었다.

특히 파우사니아스는 그곳이 아스클레피오스의 고향이라고 말하니, 에피다우로스의 권위는 더욱더 빛난다. 파우사니아스에 따르면, 아스클레피오스의 어머니 코로니스는 임신한 채 신의 화살을 맞고 죽은 것이 아니었다. 에피다우로스로 와서 아이를 직접 낳았다고 한다.

에피다우로스의 아스클레피오스 신적 유적 터.

처녀인 자신이 아이를 가진 사실을 자기 아버지에게 숨기려고 몰래 아이를 낳아 산속에 놓았는데, 염소들이 아이에게 젖을 먹여주고 개들이 아이를 안전하게 지켜주었다. 아폴론의 가호였음은 말할 것도 없다. 그러니 에피다우로스에 아스클레피에이온이 세워진 것은 당연한 일이다. 의학의 아버지 히포크라테스도 여기에서 의학 공부를 했다는 이야기도 전해진다.

유적지에 마련된 박물관은 다소 실망스럽다. 이곳에서 발견된 중요한 유물들이 아테네 국립박물관으로 옮겨져 있고, 이곳에는 주로 모조품이 전시되고 있기 때문이다. 이곳의 주신인 아스클레피오스의 신상도 역시 모조품이다. 어쨌든 그의 면모는 다 보여준다. 아스클레피오스 신의 가장 중요한 특징은 뱀이 빙빙 휘감긴 막대기다. 지금도 서양에서는 여러 의료기관의 상징물로 아스클레피오스의 지팡이가 쓰이곤 한다. 뱀이 허물을 벗어버리는 것이 회춘과 부활로 해석되면서 치유와 회복의 의학적 이미지로 전이된 것이다. 또한 뱀의 독이 인간에게 치명적일 수도 있지만, 동시에 인간에게 병을 일으키는 병균을 죽일 경우 치료제가 될 수 있다는 점도 고려된 것이다. 이런 이유에서 아스클레피오스의 신전 안에는 뱀들이 환자들 사이를 자유롭게 기어다닐 수 있도록 풀어놓았다고 한다. 하지만 환자들의 안전을 위해 독이 없는 뱀을 넣었다고 한다.

에피다우로스 유적지는 병원의 모양새라기보다는 일종의 복합 레저타운에 가깝다. 아스클레피에이온과 아스클레피오스가 머물렀다는 원형의 톨로스가 중앙을 이루고 그 주변으로 아스클레피오스, 아폴론, 아르테미스, 테미스를 위한 제단이 있어 성소 분위기를 자아낸다. 환자들을 위한 숙소와 식당, 목욕탕이 곁에 있었다. 그 정도면 충분할 것 같은데, 가까이 동북쪽으로 단정하게 닦인 스타디온이 보인다. 올림피아 제전처럼 화려하고 성대한 잔치는 아니었지만, 나름 규모가 있던 스포츠 제전이 3~4년에 한 번씩 열렸다고 한다. 꼭 제전이 열릴 때만 이용된 것은 아닐 것이다. 아스클레피에이온에 머물며 입원(?) 치료를 받던 환자들이 틈틈이 체력 관리를 위해 운동 시설을 이용했을 것이며, 사제들도 그것을 적극적으로 권했을 것이다.

멀리 서북쪽으로는 산비탈을 깎아 객석을 만든 웅장한 극장이 위용을 뽐낸다. 아테네의 아크로폴리스에 있는 디오뉘소스 극장에 비

에피다우로스의 스타디온. 3~4년마다 스포츠 제전이 열렸다.

하면 보존이 아주 잘 되어 있다. 기원전 4세기경 조각가이자 건축가였
던 폴뤼클레이토스가 산비탈의 지형을 이용해 만든 이 극장은 최대 1
만 4천 명까지 수용할 수 있는 규모다. 비극이나 희극을 보는 것이 병
을 고치는 데 좋다는 믿음에서 이곳에 극장을 세운 것이다. 산사태가
났었는지 토사가 극장을 모두 덮었던 덕에 극장의 심각한 훼손을 피할
수 있었고, 1881년 발굴되었을 당시, 극장은 다시 말끔한 모습으로 세
상에 나타났다. 마치 부활한 아스클레피오스처럼. 극장의 오르케스트
라 한가운데에는 둥근 돌판이 깔려 있다. 그곳에 서서 객석을 향해 소
리를 내면 아주 신기한 경험을 할 수 있다. 확성기를 쓰지 않는데도 소
리가 기가 막히게 크게 울려 퍼지는 것이다. 그곳을 벗어나면 낼 수 없

에피다우로스의 극장. 최대 1만 4천 명까지 수용할 수 있는 규모다.

는 효과이기에 더욱 놀랍다. 동전을 떨어뜨리면 찰랑하는 소리와 떼구루루 구르는 작은 소리조차 크게 울려 퍼진다.

아스클레피에이온을 찾은 환자들

극장과 스타디온, 목욕탕 등 신전 부속 건물들을 두루 둘러보면, 에피다우로스는 환자들을 치료하는 병원이었다고는 하지만, 정말로 쉬면서 놀기 딱 좋은 곳이다. 전체적으로 우울한 분위기는 보이지 않는다. 지금은 치료의 핵심이 수술과 투약처럼 보이지만 예전에는 휴양과 축제를 치료의 핵심이라 믿었기 때문일 것이다. 치료 절차도 재구성해보면 요양의 느낌을 강하게 풍긴다. 이곳에 환자가 오면, 일단 몸을 깨끗이 씻고 옷을 갈아입은 후 식이요법에 맞춰 식사를 했다.

무엇보다도 몸가짐을 바르게 하고 신전에 들어가 마음을 차분히 가라앉히고 기도하고 명상에 잠겼으며, 신전 바닥에 누워 숙면을 취했다. 숙면의 목적은 꿈에 아스클레피오스 신을 만나는 것이었다. 사제들은 환자들을 재우면서 아스클레피오스 신이 찾아올 테니 그분의 말을 잘 기억하라고 다독였다. 실제로 많은 사람들이 꿈에서 신을 만났다. 신을 만나지 못하고 다른 꿈을 꾼 이들은 그 꿈을 사제들에게 이야기했다. 사제들은 모든 꿈을 아스클레피오스 신의 계시로 해석하면서 그에 맞춰 적절한 처방을 제시했다. 일종의 플레시보 효과였을까? 그냥 의사가 말하는 식이었다면 환자는 반신반의했겠지만, 환자들은 사제의 처방을 신의 계시라 곧이곧대로 믿고 열심히 따랐으니 효과가 좋을 수밖에 없었다.

환자들은 의학적인 처방에 따라 열심히 치료도 받았지만, 틈틈이 운동도 하고 극장에서 음악과 연극을 관람하면서 몸과 마음을 추슬렀고, 운동대회가 열리기라도 하면 열정적으로 응원하면서 스트레스를 날려버렸다. 이 또한 건강의 회복에 아주 좋은 효과가 있었음이 분명하다. 수많은 환자들이 기적적으로 치유를 경험했는데, 아하, 이것이 과연 신이 부린 신통한 조화였을까, 아니면 그렇게 하면 누구라도 좋아지게 마련인 자연스러운 결과였을까?

치료를 위한 다양한 인간적인 차원에서의 노력에 종교적인 믿음이 곁들여지는 의료행위는 동서고금을 막론하고 어느 정도는 일반적이고 보편적인 현상이다. 그리스인들에게 그런 종교심은 좀 더 각별해 보인다. 그리스가 로마의 지배에 들어갔을 때, 이곳에는 로마의 종교적·신화적 요소들이 덧붙여졌고, 심지어 이집트 신들을 위한 성소가 추가된 흔적이 있다. 로마가 그리스도교를 국교로 했을 때도 이곳은 여전히 병원으로서 역할을 했던 것 같다. 물론 아스클레피오스적인 요소들은 제거되고, 그 대신 그리스도교 교회가 세워지면서 곳곳에 새로운 의미들이 부여되었겠지만.

아스클레피에이온에서 발굴된 유물들 가운데 특이한 것이 있다. 발과 다리, 손과 팔, 가슴, 머리, 게다가 성기까지 신체의 부분을 정교하게 조각한 물건들이다. 대체 뭘까? 회복된 환자들은 신전을 떠날 때, 자신의 치유된 부분을 조각하여 신에게 감사의 표시로 바쳤던 것이다. '신이여 고맙습니다. 이제 회복된 이 몸은 내 것이 아니라 당신 것이니, 착하고 바르게 살겠습니다.' 이런 결심의 표시였다. 에피다우로스의 풍경을 하나하나 떠올려보니, 지금 우리를 괴롭히는 코로나19 팬데믹의 위기를 헤쳐 나갈 뭔가 슬기로운 지침이 보이는 것만 같다.

7

생명과 부활의
밀교의식

::::: 엘레우시스 제전 :::::

살라미스 해전의 현장을 지나며

이틀 동안 펠로폰네소스반도를 답사하고 아테네로 돌아왔다. 푹 자고
일어나니 답사 일정의 네 번째 날 아침이 되었다. 이날의 가장 중요한
일정은 델피로 가는 것이었다. 델피는 범그리스 4대 제전의 개최지들
가운데 아직 들르지 않은 퓌티아 제전이 열리던 곳이다. 하지만 먼저
들를 곳이 있었다. 엘레우시스(현재의 엘레프시나)다.

　아테네에서 차를 타고 20분 정도 서쪽으로 가다 보면 바다가 시
야로 들어온다. 바다가 보인 후로 계속 해안선을 따라가는데, 우리가
가려는 목적지의 이름을 딴 엘레프시나만灣이다. 그 바다 건너로 커다

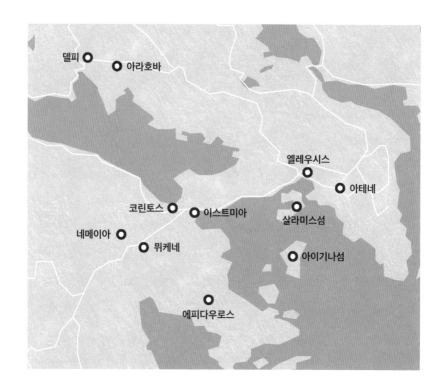

란 섬이 병풍처럼 또렷하다. 살라미스섬이다. 기원전 480년 페르시아의 크세르크세스가 아테네를 침략했을 때, 아테네인들은 육지에서 그들과 맞서 싸워서는 승산이 없다고 판단했다. 그 판단의 선봉에는 테미스토클레스라는 지도자가 있었다. 그는 델피의 아폴론 신전으로부터 승리를 위한 신탁을 들었다. 나무로 된 방벽을 쌓아야 한다는 것이었다. 그것은 말 그대로 아테네에 나무 방벽을 쌓아야 한다는 것이 아니었다. 일종의 은유였는데, 테미스토클레스는 그것이 목조 함대를 준비하는 것이라고 해석했다. 그는 아테네 시민들을 설득하여 장차 아테네의 주 전력이 될 삼단노선三段櫓船 380척을 건조하였고, 아테네 사람들을 모두 배에 싣고 살라미스로 대피시켰다.

　페르시아의 크세르크세스 대군은 테르모필라이 전투에서 스파르타의 레오니다스 왕과 그의 정예부대와 맞섰다. 숫자로만 보면 상대가 안 되는 판세였지만 레오니다스는 지혜롭고 용감했다. 좁은 협곡으로 적을 유인하여 수적 열세를 만회하고 적에게 엄청난 타격을 입혔다. 전투는 결국 페르시아의 승리로 끝났지만, 스파르타 군은 주력군을 후퇴시켜 병력을 보전했고, 아테네가 전쟁에 대비할 수 있는 시간을 벌어주었으며, 적의 병력에 엄청난 손실을 입혔다. 스파르타의 저항을 뚫고 크세르크세스가 아테네에 도착했을 때, 그가 발견한 것은 텅 빈 도시였다. 아테네 사람들이 모두 자신을 두려워하고 달아났다는 사실에 기고만장한 크세르크세스는 거침없이 도시를 파괴했고, 아크로폴리스에 세워진 신전들과 신상들을 무너뜨리면서 승리를 만끽했다. 이런 상황에서 살라미스로 달아난 아테네인들을 공격하고 함선을 파괴할 필요가 있었을까? 크세르크세스는 아테네에 대한 철저한 파괴를 희망했고 승리를 낙관했다.

　자신만만한 태도로 진격하는 페르시아 함대를 테미스토클레스는 좁은 해협으로 유인했다. 넓은 바다에서 싸운다면 전세는 숫자에 의해 결정될 것임을 테미스토클레스는 잘 알고 있었다. 레오니다스가 육지에서 썼던 전술 그대로 해전에 적용한 셈이다. 좁은 해협으로 밀려드는 페르시아 함대에 대해 아테네 해군은 조직적으로 맞서 싸웠다. 그 결과, 아테네는 자신들의 함대보다 훨씬 더 많은 수의 페르시아 함대(약 1200척)를 완벽하게 박살냈다. 크세르크세스는 멀리 해안에서 이 참혹한 패배의 광경을 바라보며 분통을 터트렸다고 한다. 페르시아 함대는 무려 200여 척이 침몰했고, 크세르크세스의 해군은 퇴각해야만 했다. 이 기념비적인 전투를 섬의 이름을 따서 '살라미스 해전'이라고 한다.

이 승리를 기점으로 아테네는 군사적 강국으로 부상하였고, 주변 도시국가들을 모아 델로스 동맹을 결성한 후 제국의 면모를 갖춰나갔다. 문화적 융성기를 맞이한 것도 바로 이때였다. 이 시기를 사람들은 '그리스 고전기'라고 부른다. 그리스 문명을 빛내고 서양 문명의 기초가 된 수많은 고전들이 바로 이 시기에 전쟁의 승리를 밑거름으로 탄생했기 때문이다. 해안선을 따라가면서 햇빛에 반짝거리는 잔잔한 살라미스만의 바다를 바라보면서도, 격렬한 전투의 장면을 떠올리다 보면 어느새 가슴이 뛴다.

저승으로 가는 길, 엘레우시스

살라미스섬을 바라보며 해안선을 따라 15분 정도 북쪽으로 가면 엘레우시스 유적지에 도착한다. 그곳에는 대지와 곡물의 여신 데메테르의 신전이 있다. 로마 신화에서는 '케레스Ceres'라고 하는데 '시리얼Cereal'이 여기에서 나왔다. 먹고사는 일과 관련된 여신이니 사람의 삶에 있어 가장 중요한 신전이라 할 수 있는데, 이곳 자체는 관광객들에게 별로 인기가 없는가 보다. 현지 운전기사도 자주 와보지 않았다며 정확한 장소를 찾는 데 약간의 어려움을 겪었으니 말이다. 그런데 이곳은 죽고 사는 문제와 관련해서 누구나 한 번쯤 상상했을 법한 아주 흥미로운 장소가 있다.

　우리는 죽으면 어떻게 될까? 죽어서 나의 육체는 쓰러지고 썩어 없어지더라도 우리는 어떤 모습으로든 계속 남아 있게 되는 것일까? 그렇다면 그때 우리는 또 어디로 가는 것일까? 옛 그리스인들은 사람이 죽으면 몸에서 혼백Psukhē이 빠져나와서 지하세계로 간다고 믿었다. 그리고 아테네인들은 이승에서 저승으로 통하는 길이 바로 엘레우시스에 있다고 믿고, 그곳에다 '플루토니온Plutonion'을 세웠다. '플루톤을 위한 신전'이라는 뜻이다. 플루톤은 죽음의 신이자 저승의 신인 하데스의 다른 이름이다. 원자폭탄과 수소폭탄을 만드는 플루토늄Plutonium의 명칭도 바로 이 죽음의 신 플루톤의 이름에서 나왔다. 플루토니온이 세워진 것은 지금으로부터 약 2500여 년 일이다. 그런데 그곳에 가면 정말로 저승의 기운이 느껴질까? 서늘한 죽음의 그림자를 만나볼 수 있을까?

　유적지 출입문을 통과하면 무너진 기둥과 건물의 돌무더기가 야트막하게 쌓인 사이로 길이 나 있다. 원래는 데메테르 신전을 중심에 두고 울타리가 있었고 커다란 정문이 서 있었는데 지금은 다 무너져내린 상태다. 정문 바깥에는 작은 규모의 바다의 신 포세이돈과 달과 사냥의 여신 아르테미스를 위한 두 개의 신전이 나란히 서 있었는데, 그 역시 다 무너져내려 어렴풋한 터만 남아 있다. 두 신전이 함께 세워져 있는 것은 그리 흔한 일이 아닌데, 고개를 갸우뚱할 수밖에 없었다.

　정문의 흔적을 간직한 돌무더기를 지나 데메테르 신전으로 가는 길의 오른쪽으로 언덕이 보인다. 언덕의 규모는 크지 않지만, 나름 그 지역에서 높은 축에 속하나 보다. 엘레우시스의 아크로폴리스라 불린

저승으로 통하는 플루토니온이 보이는 언덕의 풍경.

다. 예전에는 그곳에 엘레우시스를 다스리는 왕이 살았다고 한다. 물론 지금은 흔적이 없다. 그리고 그 언덕 밑에 움푹 파인 동굴이 한눈에 보인다. 거기가 바로 플루토니온이 있던 곳이다. 예전에는 신전 건물이 있었겠지만 지금은 찾아볼 수가 없다. 가까이 가서 보면 동굴이라기보다는 움푹 팬 홈에 가깝다. 우리가 죽는 순간 몸을 빠져나간 혼백이 스며들 수 있는 보이지 않는 통로가 있을지도 모른다. 흥미롭다. 권력자가 살던 왕궁 밑에 저승으로 통하는 문이 있다니.

데메테르 여신의 기쁨과 슬픔

플루토니온은 계절을 만드는 곳이다. 그리스 로마 신화는 바로 이곳에서 봄이 시작되고 여름이 저물며, 낙엽이 지고 겨울이 시작된다는 이야기를 품고 있다. 계절의 변화를 만드는 이는 '대지Dē의 어머니Mētēr'라는 뜻의 데메테르 여신이다. 그녀에게는 페르세포네라는 아름답고 사랑스런 딸이 있었다. 데메테르는 따로 결혼하지는 않았지만, 자신의 남동생인 제우스와 결합하여 딸을 낳았다. 데메테르에게 페르세포네는 삶의 의미였고 그녀의 모든 것이었다. 딸과 함께 사는 동안 데메테르는 다른 그 무엇도 필요가 없었다. 그녀는 항상 행복했고, 세상은 언제나 화사하고 따뜻한 봄날이었다.

그런데 어느 날, 저승의 신 하데스가 땅 위로 나왔다가 페르세포네에게 반했다. 자신의 조카였지만 신들에게 친족관계는 전혀 사랑의 걸림돌이 되지 않았다. 사랑을 할 줄 몰랐던 하데스는 감정을 세련되게 표현하지 못하고 그녀를 거칠게 끌어당겨 마차에 태운 다음, 땅속으로 내려가버렸다. 페르세포네는 들판에서 꽃을 따고 있다가 갑작스럽게 납치당하며 겁에 질린 채로 날카로운 비명을 질렀고, 그 비명을 들은 데메테르는 하던 일을 멈추고 미친 듯이 딸을 찾아 헤맸다. 그녀가 그렇게 미친 듯이 정신이 나가 있는 사이, 땅은 메말라가고 황폐해졌으며 꽁꽁 얼어붙기 시작했다.

곡물을 얻을 수 없게 된 사람들의 원성은 하늘을 찔렀고, 마침내 제우스가 사태 해결에 나섰다. 하데스와 데메테르를 올림포스 궁전으로 불렀다. 페르세포네를 아내로 삼은 하데스도, 딸을 되찾으려는 데메

하데스가 페르세포네를 납치하는 장면을 표현한 조각상.
베르니니 작품, 로마 보르게제 박물관 소장. 위키피디아.

테르도 팽팽하게 맞섰다. 고심하던 제우스는 중재안을 내놓았다. 페르
세포네가 1년의 반은 저승세계에서 하데스와 머물고, 나머지 반은 데
메테르와 지상에서 보내는 것이었다. 하데스와 데메테르가 한 발씩 양
보해야만 사태가 해결될 수 있는 판이었다. 게다가 페르세포네는 하데
스에서 자라는 석류 열매를 먹었는데, 그것을 먹는 한 그 누구도 하데
스를 영원히 떠날 수는 없었다. 잠시 떠날 수는 있어도 다시 돌아와야

만 했다. 데메테르는 어쨌든 양보할 수밖에 없는 상황이었다. 마침내 데메테르는 승복했다. 완전히 잃는 것보다는 그래도 1년의 반이라도 보는 것이 나을 테니까. 사실 하데스는 데메테르의 남동생이기도 했다. 억울하고 분하지만, 하데스의 사랑을 인정하였고 페르세포네를 내주었다. 하데스도 데메테르의 모성애를 존중하였고 1년의 반을 양보했다.

두 신의 합의에 따라 페르세포네가 저승에서 지상으로 올라오고, 다시 지상에서 저승으로 내려가는 곳이 바로 엘레우시스의 동굴, 플루토니온이었다. 그곳에서 오매불망 딸을 기다리던 데메테르가 딸을 만나면 감격의 눈물을 흘리고, 그 눈물이 땅에 떨어지면 얼어붙었던 땅이 녹아 싹이 트고 꽃이 피어나며 봄이 시작된다. 모녀가 행복하게 대지를 누비는 동안, 온갖 식물은 찬란하게 피어나 탐스럽게 무르익고 풍요로운 열매를 주렁주렁 맺는다.

그렇게 1년의 반이 생명의 환희 속에 지나가면 이별의 시간이 다가온다. 페르세포네는 다시 저승으로 돌아가야 한다. 헤어짐은 데메테르의 마음에 찢어지는 슬픔을 불러일으키고, 그녀가 흘린 이별의 눈물은 땅에 닿는 순간 대지를 온통 얼어붙게 만든다. 풀은 시들고 나뭇잎은 빛을 잃어 바랜 낙엽으로 떨어져, 나무는 앙상한 가지만 남는다. 찬바람 부는 겨울의 황량한 대지는 데메테르의 우울 때문이다. 페르세포네가 다시 올라올 때까지, 세상은 꽁꽁 얼어붙어 죽은 듯이 잠들어 있을 터이다.

바로 이곳에서 페르세포네는 하데스(플루톤)의 아들 플루투스를 낳았다. 플루투스는 풍요의 신이다. 가을이 깊어 갈 무렵 땅속으로 들어갔다가 봄에 다시 나오는 페르세포네가 풍요의 신을 낳았다는 것은,

저승의 신 하데스를 위한 신전 플루토니온.
페르세포네는 이곳을 통해 저승에서 지상으로 올라왔다.

가을에 뿌려진 씨가 겨울을 이겨내고 봄에 솟아나 풍성하게 결실하는
그리스 농사일을 그려낸 신화다.

데메테르 신전

플루토니온이 있는 언덕을 오른쪽으로 두고 완만한 경사를 올라가면
넓은 터가 시야를 채운다. 거기에 데메테르의 신전이 있었다. 아크로
폴리스 언덕을 뒤에 두고 전면에 살라미스만의 바다가 내다보이는 배
산임수背山臨水의 기가 막힌 명당이다. 지금은 기둥 하나 제대로 없고
오직 건물의 얕은 흔적만 남아 있는 빈터지만, 그 터를 바라보고 있노

테메테르 여신의 신전이 있던 터. 멀리 산처럼 보이는 것이 살라미스섬이다.

라면 곧 우아한 신전이 머릿속에 세워질 것이다. 신전 앞에는 넉넉한
마당이 있었고, 신전 왼쪽에는 페르세포네를 위한 작은 신전이 부속되
어 있었다.

　　이 신전은 엘레우시스의 왕 켈레오스가 지었다고 한다. 데메테
르가 노파로 변신하여 딸을 찾아 방황하다가 마침내 엘레우시스에 왔
을 때 켈레오스 왕과 왕비는 그녀를 대접했다. 데메테르는 고마운 마
음에 그들의 아들을 불멸의 존재로 만들어주려고 했다. 밤에 몰래 아
이를 불 속에 넣어 정금正金처럼 단단하게 만들려고 했으나, 이를 발견
한 왕비가 소리를 지르는 바람에 일을 그르쳤다. 화가 난 데메테르는
본래 모습을 드러낸 후, 자신을 위한 신전을 짓고 불신의 죄를 씻으라
고 명령했다. 켈레오스 부부는 자신의 궁전이 있는 아크로폴리스 아래
쪽 터에 신전을 세워 데메테르를 모셨으며 정화의식을 거행했다. 부부

의 정성과 성심에 만족한 데메테르는 페르세포네가 플루토니온을 통해 지상으로 올라올 때 이곳에 주로 머물렀다고 한다.

그 이후 엘레우시스에서는 켈레오스 부부가 거행한 정화의 제의를 밀교의식의 형태로 계승했다고 한다. 아테네가 엘레우시스를 합병한 후에는 축제의 주도권마저 가져갔지만, 밀교의식의 집행만은 엘레우시스 왕족 출신 사제들의 몫이었다. 봄이 되면 아테네인들은 페르세포네를 맞이하는 안테스테리아라는 축제를 아테네 근교에서 별도로 거행했지만, 가을에 페르세포네를 지하로 보내는 제의를 더 중요한 것으로 여겨 엘레우시스의 밀교의식을 자신들의 것으로 삼고 싶어 했다. 이 두 밀교의식을 연결시키려고 아테네인들은 아고라와 아크로폴리스 사이에 별도로 엘레우시니온이라는 신전을 세웠다.

엘레우시스 밀교의식과 축제

엘레우시스 밀교의식은 8일 동안 지속되었다. 의식이 시작되기 이틀 전, 아테네인들은 엘레우시스의 여사제들을 통해 데메테르 여신의 성물을 담은 원형 상자를 아테네로 가져왔다. 축제는 추석의 보름달이 뜨는 밤에 시작되었는데, 먼저 밀교의식에 참가할 사람들의 신청을 받았다. 참가비는 15드라크마 정도였다. 당시 아테네 노동자의 보름치 급료였다고 하니 적지 않은 돈이다. 둘째 날부터 정화의식이 거행되었다. 참가자들은 여신들에게 바칠 아기 돼지를 들고 아테네 인근 항구까지 행진한다. 바닷물로 깨끗이 씻은 돼지는 엘레우시니온에서 신들에게 바쳐진다. 참가자들은 돼지 피를 온몸에 뿌리며 자신의 죄를 씻고 신전에 머물면서 경건한 시간을 보낸다.

다섯째 날이 되면 엘레우시니온에 보관되었던 데메테르 여신의 성물을 다시 엘레우시스로 옮기는 성대한 행진을 한다. 디오뉘소스 신으로 분장한 소년이 행렬을 이끈다. 악기를 연주하고 노래하는 악단이 행렬에 힘을 불어넣으며 밀교의식 참가자들이 그 뒤를 따른다. 말과 나귀도 눈에 띄고, 길가에는 구경꾼들이 몰려들어 환호성을 지른다. 그야말로 축제의 절정이다. 아테네에서 엘레우시스까지 장엄하면서도 유쾌한 행렬이 하루 종일 이어지는 것이다. 그다음 날부터 엘레우시스 밀교의식이 거행된다. 그리스어로 '뮈스테리아Musteria'라고 하는데, 그곳에서 어떤 일이 벌어졌는지 의식이 끝난 후 발설하면 엄한 처벌을 받는다. 그래서 그 내용도 그야말로 '미스테리'다. 분명한 것은 계절의 변화에 따라 풍요를 기원하며 자신을 되돌아보고 깨끗하게 마음을 다짐으로써 새로운 삶을 결심했으리라는 것이다.

나는 비록 차를 타고 편안하게 아테네에서 엘레우시스로 이동했지만, 고대 아테네인들의 엘레우시스 행렬을 떠올리면서 숙연해질 수밖에 없었다. 부족할 수밖에 없는 인간이기에 아무리 정신 똑바로 차려도 실수를 거듭하고, 좋게 살자고 결심을 해도 이기적인 욕망과 탐욕에 흔들릴 수밖에 없기 때문이다. 매일매일 자신을 돌아보고 반성하면 얼룩진 나를 발견할 수밖에 없기에 새롭게 결심하고 거듭나야만 한다. 그리스의 아테네인들은 이런 축제를 통해 적어도 1년에 한 번쯤 자신을 돌아보며 양심을 일깨우고, 응어리진 과오를 털어내면서 새로워지는 시간을 가졌던 것이다.

8

파르나소스산에서
신들과 함께 제전을 즐기다

::::: 퓌티아 제전 :::::

엘레우시스에서 델피로

엘레우시스에서 다음 목적지인 델피까지는 대략 140킬로미터, 차로 2
시간 10분 정도 거리다. 아테네에서 직접 델피로 간다면 2시간 30분
정도 걸린다고 한다. 델피에 이르기 전 파르나소스산의 남쪽 비탈에
아라호바라는 아름다운 마을이 있다. 유럽인들에게는 스키를 즐기는
겨울철 명소지만, 우리에겐 드라마 〈태양의 후예〉로 알려진 곳이다. 이
른바 '송송 커플'이 석양을 배경으로 달콤한 입맞춤을 나누며 사랑을
확인하던 시계탑 장면 때문인데, 방송이 나간 이후 한국과 중국 등지
에서 관광객들이 델피는 안 가도 아라호바는 간다며 몰려든다고 한다.

　사실 처음 문명 답사 계획을 짤 때는 아라호바를 들를 생각은 없
었다. 하지만 우리나라 인기 드라마의 촬영 현장을 보는 것도 흥미로
운 일이라는 의견이 일면서 현지에서 계획이 바뀌었다. 델피를 들른
후에 시계탑에 올라가서 바라본 아라호바 전경은 한 장의 엽서처럼 아
름답고 환상적이었다. 잘 왔다. 안 왔으면 후회할 뻔했다. 사람들이 사
는 주거지가 이렇게까지 아름다울 수 있다는 것에 새삼 놀라고 비현실
적이라는 느낌까지 들었다.

　아라호바를 지나 5분이면 델피에 도착한다. 아라호바에서부터

드라마 〈태양의 후예〉의 촬영지 아라호바의 전경.
파르나소스산의 남쪽 비탈에 자리 잡았다.

차 안에서 내내 보았던 파르나소스산이지만, 차에서 내려서 본 산세는 더욱더 압도적이었다. 여긴 정말 신들이 살 것만 같다! 산의 이름에도 전설이 있었다. '클레오도라'라는 뉨페가 바다의 신 포세이돈과 결합하여 아들을 낳았는데, 그 이름이 바로 파르나소스였다. 그가 다스리던 도시에 거센 홍수가 일자 사람들이 물에 잠긴 도시를 떠나 이 산으로 피신했고, 물이 빠지길 기대하는 것이 어렵게 되자 새로운 도시를 세웠다. 그 이후, 그의 이름을 따라 이 산을 파르나소스산이라고 부르게 되었다고 한다.

파르나소스산이 높다 보니 홍수와 관련된 신화가 또 하나 있다. 어느 날, 제우스는 하늘에서 땅을 내려다보며 탄식했다. 난폭하고 야비한 인간들이 꼴 보기 싫었던 것이다. 그는 인간들을 모두 쓸어버리기로 결심하고 엄청난 폭우를 땅에 퍼부었다. 그러나 구원받은 사람이 있었다. 마치《성서》에 나오는 노아처럼, 프로메테우스의 아들 데우칼리온과 에피메테우스의 딸 퓌르라였다. 퓌르라는 최초의 여성인 판도라의 딸이었다. 둘은 작은 조각배에 몸을 실어 대홍수의 와중에도 익사를 면할 수 있었다. 비가 멈추고 그들이 타고 있던 배가 도착한 곳이 바로 파르나소스산이었다. 둘은 신탁에 따라 돌을 집어 등 뒤로 던졌는데, 사내가 던진 돌은 모두 남자가 되었고 여인이 던진 돌은 모두 여자가 되었다. 죄에 때 묻지 않은 새로운 인류가 탄생한 것이다.

파르나소스산은 아폴론이 무사Mousa 여신들과 함께 지내던 곳으로도 유명하다. 일부 기록에 따르면, 파르나소스는 아예 무사 여신들의 거처란다. 무사 여신은 영어로는 뮤즈Muse인데, 음악과 시, 무용과 학술의 여신들이다. 그들의 기술이 바로 무시케Mousikē인데, 영어로 뮤직Music, 바로 음악이다. 무사 여신들은 제우스와 기억의 여신 므네모쉬네 사이에서 태어났다. 이런 태생 덕택에 그들은 영원한 기억을 담보할 수 있는 능력과 권위를 갖추게 되었다. 그들을 위한 신전이 무세이온Mouseion인데, 영어로 뮤지엄Museum, 바로 박물관이다. 우리가 뮤직, 뮤지엄이라는 단어를 사용하는 한 무사 여신의 기술을 날마다 누리며 살고, 곳곳마다 무사 여신들의 신전을 세워두고 있는 셈이다.

델피를 품고 있는 파르나소스산.
그리스인들은 파르나소스산이 인간들이 이를 수 있는 가장 높은 산이라고 생각했다.

제우스와 므네모쉬네는 모두 아홉 날을 함께 지내며 사랑을 나
누었기에 므네모쉬네는 아홉 쌍둥이를 낳았다. 걸그룹 이름으로도 사
용된 '나인뮤지스'다. 르네상스 시대의 화가 라파엘로(1483~1520년)는
이들의 모습을 교황의 방에 떡하니 그려 넣었다. 그림 제목이 〈파르
나소스산〉이다. 한가운데 비올라를 켜는 이가 아폴론이며, 그를 둘러
싼 아홉 여신이 무사 여신들이다. 그 주위로 그녀들에게서 영감을 받
아 시를 쓰는 대표적인 시인 열여덟 명이 그려져 있다. 파르나소스산
을 올려다보며 이 그림을 떠올리는 것은 매우 자연스럽다. 험한 산세
가 신비로운 느낌을 주니, 산속 어디쯤엔가 정말 아홉 명의 무사 여신
들이 아폴론과 함께 살면서 흥겨운 춤과 노래를 즐길 것만 같았다. 마
침 우리 일행 중 여성이 모두 아홉이었기에, 무사 여신들이 강림한 것

아폴론이 한가운데 앉아 연주하고 있고 무사 여신들과 시인들이 주변을 에워싸고 있다.
라파엘로 산치오 작품 〈파르나소스산〉(1511년), 바티칸 미술관 소장. 위키피디아.

같다고 말했더니 모두 유쾌하게 웃음을 터뜨리며 무사 여인들처럼 우
아하게 포즈를 취했다.

아홉 무사 가운데 최고는 서사시를 관장하는 칼리오페이다. 한
전설에 따르면, 그녀는 아폴론과 사랑을 나누어 오르페우스를 낳았다
고 한다. 어린 시절 오르페우스는 파르나소스산에서 지내며 아폴론과
아홉 무사들로부터 악기와 노래, 춤을 배워 그리스 신화 최고의 가수
가 되었다. 그가 노래를 부르면 산속의 동물들도 몰려들고, 심지어 나
무들도 뿌리를 뽑고 그의 곁으로 달려왔다고 한다. 그는 에우리디케
와 결혼하였지만, 결혼식에서 신부가 뱀에게 뒤꿈치를 물려 죽고 말았
다. 아내를 잊지 못한 오르페우스는 사자死者들의 세계인 하데스로 내
려갔다. 오르페우스는 아름다운 노래를 불러 하데스와 페르세포네를

감동시켰다. 그 대가로 아내를 데리고 지상으로 다시 올라갈 수가 있었다. 하지만 마지막 순간에 참지 못하고 뒤를 돌아보는 바람에 오르페우스는 아내를 또다시 잃고 말았다. 하데스를 벗어날 때까지 절대로 뒤를 돌아보지 말라고 했건만 그걸 지키지 못한 것이다. 오르페우스가 아내를 찾아 하데스로 내려가고, 아내를 잃었던 곳이 우리 일행이 델피로 오기 직전에 방문했던 엘레우시스였을 가능성이 있다.

퓌티아 제전이 열리던 천상의 도시

기원전 582년(또는 586년), 델피에서는 새로운 범그리스 제전이 열렸다. 코린토스 인근에서 이스트미아 제전이 열린 바로 다음 해였고, 올림피아 제전이 개최된 지 194년(또는 190년)이 지난 해였다. 그전에도 델피에선 시와 노래, 춤의 경연이 열려 곳곳의 그리스인들을 불러 모으던 터였다. 앞서 말했듯이, 델피를 품고 있는 파르나소스산에는 아홉 명의 무사 여신들이 음악의 신 아폴론의 연주에 맞춰 흥겹게 춤추며 노래했다는 신화가 전해지고 있었고, 그리스인들에게 가무는 최고의 유흥이었으니, 이곳에서의 제전이 매력적이었음에 틀림없다. 여기에 운동 경기가 추가되고 퓌티아 제전이라는 이름이 붙은 것이다.

퓌티아 제전은 아폴론이 수천 발의 화살을 쏴서 퓌톤을 무찌른 것을 기념하는 뜻에서 그런 이름이 붙은 것이다. 사연은 이랬다. 제우스가 레토 여신과 사랑을 나누고 쌍둥이를 임신하자 헤라는 또 열불이 났다. 정작 바람을 피운 제우스에겐 제대로 따지지도 못하면서, 대신 헤라는 레토에 앙심을 품고 그녀를 괴롭히기 시작했다. 그녀가 아이를 낳을 수 없도록 방해하는 계략을 짜고, 퓌톤이라는 괴물을 보냈다. 어렵게 퓌톤의 추격을 피한 레토는 델로스섬에서 아르테미스와 아폴론을 낳았다. 나중에 아폴론은 어머니의 원수를 갚았다. 퓌톤을 죽인 것이다. 아폴론의 추격을 피해 퓌톤이 달아난 곳은 그가 원래 머물던 델피였다. 아폴론은 퓌톤의 시신을 델피에 묻었는데, 사람들은 나중에 그곳에다 아폴론 신전까지 세웠다. 이는 아폴론의 승리를 기념하는 뜻이었지만, 동시에 퓌톤의 죽음을 슬퍼하던 그의 어머니 대지의 여신 가이아를 위로하는 뜻도 있었다.

퓌티아 제전의 운동 경기에서 우승한 사람에게는 싱싱한 월계관이 수여되었다. 거기엔 아폴론의 가슴 아픈 사연이 담겨 있다. 퓌톤을 물리치고 의기양양한 아폴론 앞에 에로스가 까불까불 나타났다. 어린 아이 생김새인데 전통箭筒을 매고 활을 든 모습이 아폴론에겐 영 같잖아 보였다. "이것 봐 에로스, 활과 화살은 나 같은 어른에게나 어울리는 거야. 너 같은 꼬마에겐 위험해." 아폴론의 조롱에 잔뜩 화가 난 에로스는 앙심을 품고 복수를 다짐했다. "아폴론이시여, 당신의 화살이 무엇을 쏘았는지 모르겠지만, 나의 화살은 당신을 쏠 수 있습니다."

기회를 노리던 에로스는 마침내 아폴론에게 사랑을 일으키는 날카로운 황금 화살을 쏘았다. 그가 다프네라는 아름다운 소녀를 보고 있던 순간이었다. 동시에 에로스는 그녀에게 혐오를 일으키는 둔탁한 납 화살을 쏘았다. 순식간에 사랑의 불길에 휩싸인 아폴론이 다프네를 잡으려고 달려들자, 혐오에 울컥거리는 그녀는 기겁하며 달아났다. 몇 날 며칠 추격전이 벌어졌다. 그러나 사랑은 혐오를 이기는 법, 마침내 아폴론은 다프네를 잡았다. 아폴론이 끔찍하게 싫었던 그녀는 아버지에게 도와달라며 다급하게 비명을 질렀다. 순간, 다프네는 우아한 나무로 딱딱하게 변했다. 그 나무가 월계수인데, 그리스어로는 그 소녀 이름 그대로 '다프네'다. 사랑을 이루지 못한 아폴론은 나무가 된 다프네를 영원히 자신의 나무로 삼았다. 그래서 퓌티아의 우승자에게는 월계관이 수여되었던 것이다. 그 이전에는 떡갈나무 관을 우승자에게 씌워주었다고 한다.

신탁이 내리는 아폴론 신전

퓌티아 제전이 열린 델피의 스타디온은 해발 2500미터에 이르는 파르나소스산의 험한 지형을 가파르게 한참 올라가야 나타난다. 산은 초록빛보다는 짙은 회색빛 바위가 대부분이고 군데군데 먼지가 풀풀 날릴 것 같은 바짝 마른 볏짚 색깔의 땅이 텁텁하게 끼어 있다. 나지막한 관목들이 바위틈을 비집고 간신히 나와 있을 뿐이다. 그런데도 작렬하는 태양을 머금은 전체적인 산 풍경은 황량하다는 느낌보다는 거친 사내의 근육처럼 씩씩해 보인다. 특히 높푸른 하늘과 하얀 뭉게구름이 멀리서부터 첩첩이 줄서서 이어져오는 험한 산세에 신묘한 생기를 돌게 한다. 아폴론 신전이 있는 산 중턱, 절벽 같은 곳에 이르면 신비로운 기운은 절정에 이른다. 거기 서 있으면 아폴론의 거룩한 목소리도, 무사 여신들이 날아와 춤을 추며 부르는 신비로운 노래도 들리는 것만 같다.

옛 그리스인들은 현재의 난제를 풀고 미래를 대비하기 위해 예

델퍼에 있는 아폴론 신전.
아폴론이 퓌톤을 죽여 그 시신을 이 신전 아래 묻었다는 전설이 있다.

언의 신 아폴론의 신탁을 듣고자 이곳으로 왔다. 아폴론은 궁술과 음악, 의술의 신이기도 하지만 무엇보다 태양의 신이다. 태양은 어둠을 몰아내고 세상을 환하게 비춘다. 그 찬란한 기능 때문에 아폴론은 신탁과 예언의 신에 가장 잘 어울린다. 내가 과거에 저지른 일이 어떤 결과를 냈는지, 지금 내가 어떤 상황에 있는지, 앞으로 나는 어디로 가야 하는지 모를 때, 사람들은 깜깜한 어둠을 헤매는 것 같다고 느낀다. 그 갑갑함을 풀어줄 신탁이 내려질 때, 그것은 마치 어둠을 비추는 태양과 같을 것이다. 그런 찬란함을 기대하고 예로부터 사람들은 아폴론 신전이 있는 델퍼를 찾았던 것이다.

　　페르시아와 일전을 앞둔 리디아의 크로이소스 왕도, 페르시아의 침략에 맞서 승리를 거둘 비법을 모색하던 아테네의 장군 테미스토

124

클레스도, 세상에서 가장 지혜로운 사람이 누구인지를 알고 싶었던 소크라테스의 친구 카이레폰도, 친부모가 누구인지 간절히 찾던 신화 속 오이디푸스도 이곳에서 혜안을 얻으려고 찾아왔다. 그들이 왜 델피를 찾았는지, 이곳 아폴론 신전 터에 서서 온몸으로 파르나소스산의 기운을 느껴본 사람이라면 그 이유를 쉽게 이해할 수 있을 것이다.

아폴론의 여사제에게서 신탁을 듣는 일은 쉽지 않았다. 몇 달씩 기다리는 것이 보통이었다. 그러나 그 기다림은 헛된 것이 아니었다. 어렵사리 얻은 신탁은 난제를 푸는 열쇠가 되기도 했지만, 기다리는 동안 그리스는 물론 그리스 바깥 세계 곳곳에서 찾아온 사람들끼리 서로 나누는 정보들의 쓸모가 그 자체로 쏠쏠했다. 통신망이 넓게 퍼져 빠르게 작동하는 요즘과는 완전히 딴판이던 그때, 그렇게 다양한 사람들이 모인다는 것 자체가 고급 정보 교환의 귀중한 기회였다. 그곳에서 얻은 정보는 신탁보다 더 유용했던 경우도 적지 않았다. 그렇게 오래 기다리는 동안, 사람들은 연극도 관람하고 노래와 시를 즐기며 운동도 했던 것인데, 이와 같은 기존의 인프라를 바탕으로 그리스 각처의 사람들을 불러 모아 정기적인 범그리스 제전으로 발전시킨 것은 매우 자연스러우면서도 영리한 일이었다.

퓌티아 제전이 열리던 곳을 향해

델피에 도착하여 차에서 내린 우리는 먼저 델피 박물관에 들렀다. 박물관에서 가장 먼저 우리 눈을 사로잡는 것은 바로 스핑크스상像이다.

처녀의 얼굴에 사자의 몸, 그리고 등에 날개가 달린 모습이다. 그는 이미 우리가 들렀던 네메이아에 살던 사자와 남매지간이었다. 테베라는 도시의 길목에 서서 지나가는 사람들에게 수수께끼를 내고 맞추지 못하는 행인을 잡아먹었다. "아침에는 네 발로 걷고, 점심에는 두 발로 걸으며, 저녁에는 세 발로 걷는데, 발이 많을수록 약한 존재는 무엇인가?" 아무도 맞추지 못했고, 그의 앞을 지나던 모든 사람들이 스핑크스에게 잔혹하게 먹혔다. 수수께끼 못 맞췄다고 사람을 잡아먹다니. 이 문제를 해결한 이가 오이디푸스였다. 그 수수께끼의 정답은 '사람'이었다. 오이디푸스가 답을 내놓자, 스핑크스는 분을 참지 못하고 날뛰다가 절벽에서 떨어져 죽었다고 한다. 오이디푸스는 테베의 영웅이 되고, 급기야 깊은 비극의 수렁으로 빠지고 말았다.

　　박물관을 나와 다양한 부속 건물들을 지그재그로 올라가다 보면, '옴팔로스Omphalos'라는 삼각뿔 돌덩이를 볼 수 있다. 옴팔로스는 '배꼽'을 가리키는데, 돌이 세워져 있는 그곳이 세상의 배꼽, 정중앙이라는 뜻이다. 아버지 우라노스(하늘의 신)를 거세하고 권력을 잡은 크로노스(시간의 신)가 자식이 태어나는 족족 잡아먹자, 그의 아내 레아는 제우스가 태어났을 때 이 돌을 아이라며 강보에 싸서 주었다고 한다. 그 덕분에 무사히 빼돌려져 자라난 제우스는 아버지를 몰아내고 세계의 지배자가 되자, 돌에게 감사하는 뜻으로 세상의 중심을 나타내는 지표로 삼았다. 델피 박물관 안에도 옴팔로스라는 돌이 전시되어 있다. 그것은 매듭들이 마름모꼴 격자로 표면을 뒤덮은 형태로 되어 있다.

　　옴팔로스를 지나면 페르시아의 침략을 무찌르도록 신탁을 내려준 아폴론에게 아테네인들이 봉헌한 보물 창고가 나오고, 파르나소스

세상의 중심을 나타내는 지표인 옴팔로스.

산의 위압적인 형세를 감탄할 수 있는 자리에 이르면 아폴론 신전이 나타난다. 아폴론 신전으로부터 위쪽으로 구불구불 이어지는 '신성한 길'은 일종의 계단을 이루는데, 아폴론 신전 다음 계단에는 극장이 세워져 있고, 거기서도 한참을 돌아 오르다 보면 마침내 퓌티아 제전을 위한 스타디온이 나타난다. 그리스인들은 이 파르나소스산이 인간들이 이를 수 있는 가장 높은 산이라고 생각했으니, 퓌티아 제전은 하늘과 가장 가까운 곳에서 벌어진 스포츠 제전인 셈이다. 그러나 로마가 그리스를 정복하고 기독교가 로마를 지배하자, 아폴론을 주신으로 하는 퓌티아 제전은 불경스러운 이교도의 행사로 낙인찍혀 폐지되었다.

퓌티아 제전이 열린 델피의 스타디온.

근대 올림픽 경기가 부활했듯이 퓌티아 제전을 부활시키려는 움직임도 있었다. 1927년에 제1회 근대 델픽 제전이 열렸다. 그 후 지속되지 못하다가, 2004년에 국제올림픽위원회IOC에 상응하는 국제델픽위원회IDC가 조직되어 퓌티아 제전의 부활을 시도했다. 이름은 델픽제전으로 바뀌었고, 운동 경기 중심의 올림픽 대회와 차별성을 두기위해 문화와 예술의 제전으로 특화되었다. 우리나라는 2009년에 제주에서 제3회 델픽 제전을 개최했다. 일주일 동안 열린 이 제전에 54개국에서 1500여 명의 문화예술인들이 참가했다. 그 후에도 계속되었을까? 제5회 대회가 인도에서 열렸다는 소식 이후, IDC 홈페이지는 더이상의 정보를 제공하지 않고 있다. 아폴론 신이 자신의 제전에 대해더 이상 관심을 갖지 않는 걸까?

2부 그리스 본토를 떠나
에게해로

9

찬란한
고대 역사를 품다

:::: 델로스 ::::

에게해로 나가는 크루즈를 타고

델피를 답사한 후, 우리의 일정은 아티카반도 끝부분에 위치한 수니온 곶岬의 포세이돈 신전을 방문하는 것이었다. 그러나 아라호바의 정취에 반해 시간을 보내다가 일정을 맞추기 어렵게 되었다. 아라호바에서 수니온곶까지 약 224킬로미터, 2시간 30분가량을 달려야 하는데 너무 늦어져버린 것이다. 수니온곶에서 바라보는 석양이 천하일품이라고 한다. 아쉽게도 다음을 기약해야만 했다. 대신 아테네에서 남쪽으로 약 20킬로미터 내려간 곳에 불리아그메니라는 작은 마을로 갔다. 그곳에 있는 이타키라는 유명한 레스토랑에서 석양을 바라보며 근사한 만찬

레스토랑 이타키에서 바라본 석양.

을 즐기는 것으로 아쉬움을 달래기로 했다.

　'이타키'는 고대 그리스어로는 '이타케' 또는 '이타카'라고 하는데, 트로이아 전쟁의 영웅 오뒷세우스의 고향이다. 10년 동안의 트로이아 전쟁이 끝나고 귀향을 꿈꾸던 그가 고향 이타케에 도착한 것은 다시 10년이 지난 뒤였다. 집을 떠난 지 20년이 지나도록 하루도 빼놓지 않고 오뒷세우스가 가고 싶어 하던 곳, 이타케는 서양인들에게 노스탤지어의 영원한 상징이다. '꿩 대신 닭'이라고 생각하고 찾은 곳인데, 닭이 아니라 그냥 꿩이었다. 산뜻한 그리스식 샐러드, 다양한 종류의 싱싱한 해산물로 맛있게 요리된 음식에 풍미가 넘치는 백포도주의 향연은 사르니코스만灣을 흠뻑 물들인 석양과 더불어 파라다이스를 연출했다. 마음을 열고 나누는 대화, 이틀 동안 들른 그리스 유적과 풍경, 신화에 관한 이야기가 깊어가면서 어둠이 포근하게 내려앉았다.

　　다섯째 날이다. 드디어 그리스 본토를 벗어나 에게해의 여러 섬들을 둘러보는 크루즈 여행이 시작되었다. 느지막이 일어나 짐을 챙겨 페이라이에우스(현재의 피레우스) 항구로 갔다. 아테네에서 남서쪽으로 8킬로미터 정도 떨어져 있는 그리스 최대 항구다. 여정 중에 터키를 들르기 때문인지 여권 검사를 했다. 11시 조금 넘어 배에 올랐는데, 배의 크기가 상상 이상이었다. 아파트 서너 동을 합한 것보다도 크게 느껴졌다. 침몰 위기 시 취해야 할 행동 요령을 숙지한 후 배는 출발했다. 배의 이름이 특이했다. '셀레스티얼 올림피아 크루즈Celestyal Olympia Cruise', 아마도 '천상의 올림피아'라는 뜻이리라. 이 배를 타고 에게해의 키클라데스제도의 중심지인 델로스로 간다.

아폴론과 아르테미스의 고향, 델로스

델로스섬은 그리스와 터키 사이 에게해 중앙에 있다. 서쪽 레네이아섬과 동쪽 미코노스섬이 두 손으로 감싸 듯 그 사이에 자리 잡고 있는 델로스섬을 중심으로 220여 개의 섬들이 겹겹이 둥글게 둘러싸는 모양새로 에게해 남쪽을 채운다. 그리스어로 '동그라미'를 퀴클로스Kuklos라고 하기에, 델로스를 중심으로 하는 이 군도 지역을 '키클라데스Cyclades'라고 부른다. 델로스는 처음에는 '아스테리아'로 불렸다. 제우스가 사랑했던 여신의 이름이었다. 이 여신은 티탄신족 지성의 남신인 코이오스와 밝음의 여신 포이베의 딸로서 제우스의 사촌이었다. 그녀는 질척대는 제우스를 싫어했다. 메추라기로 변신해 도망쳤다가 바다에 뛰어들어 섬이 되었다. 사람들은 이 섬을 '오르튀기아Ortigia'라고도 불렀는데, '오르튁스(메추라기)의 섬'이라는 뜻이다.

아스테리아를 잃자 제우스는 그녀의 동생 레토에게 추근댔다. 이 사실을 알고 분통이 터진 헤라는 임신한 레토가 출산하지 못하게 방해했다. 괴물 퓌톤으로 하여금 레토를 쫓아가도록 명령하는 한편, 태양 아래 단단히 뿌리박힌 땅 어디에서도 아이를 낳을 수 없도록 금지 명령을 내렸다. 게다가 분만의 여신 에일레이튀이아가 레토에게 접근하지 못하도록 하였다. 9일 동안 진통에 시달리던 레토를 위해 바다의 신 포세이돈은 오르튀기아섬을 가져다주었고 헤라의 저주를 피해 레토가 분만할 수 있도록 바닷물을 끌어올려 섬 위에 지붕을 만들어 햇빛을 가려주었다.

진통에 시달리던 레토는 마치 언니 품에 안기듯 오르튀기아섬의 퀸토스산에 숨어들어 쌍둥이 남매를 낳았다. 달의 여신 아르테미스와 태양의 남신 아폴론이었다. 시인 칼리마코스는 섬을 두고 그 이름이 아스테리아였을 때 "뿌리도 없이 떠돌았지만" 남매가 태어나자 해저에 뿌리를 내렸고, 척박했던 섬의 바위와 종려나무와 시냇물이 모두 금빛으로 눈부셨다고 노래했다. 이들의 탄생을 축하하듯 섬의 이름은 '델로스'가 되었다. '밝다, 찬란하다'는 뜻이다. 이날은 또 철학자 플라톤의 생일인데, 그의 어머니가 아폴론의 은총을 입었다는 전설도 있다. 플라톤은 참된 존재는 이데아이며, 최고의 이데아는 좋음善의 이데아로서 마치 태양처럼 모든 존재를 비춘다는 비유를 들기도 했는데, 이는 우연이 아닌 것 같다.

어머니 레토와 쌍둥이 남매 아르테미스와 아폴론.
프란체스코 포치 작품(1824년), 채즈위스 하우스 소장. 위키피디아.

델로스로 가는 길

델로스에 가려면 아테네에서 비행기나 배를 타고 일단 미코노스섬으
로 가야 한다. 비행기로 40분, 배로는 4시간 정도 걸린다. 미코노스에
서 다시 델로스로 들어가는 배를 타야 하는데, 이동하는 시간은 길지
않지만 방문에는 엄격한 제한이 있다. 현재 델로스는 일반인의 거주를
불허하며 방문객이 밤에 머무는 것도 금지한다. 섬에 머무는 시간을 3
시간 정도 잡으면, 오전이나 늦어도 오후 3시 이전에는 델로스에 들어
가야 한다.

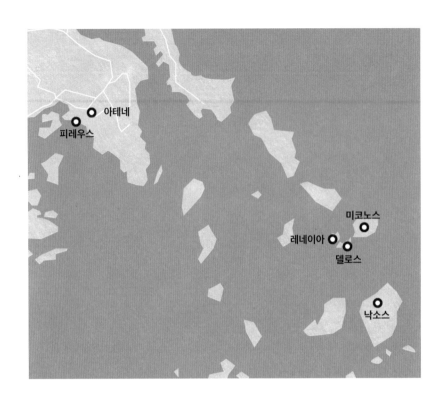

　우리 일행은 미코노스에 5시쯤 도착 예정으로 아테네 인근 피레우스 항구에서 크루즈를 탔다. 일정상 델로스 방문이 어렵다는 현지 가이드의 설명에도 불구하고 잠시라도 델로스를 꼭 보고 싶었다. 상황은 더 나빴다. 출발부터 지연되더니 미코노스에 접근했을 때는 항구에 크루즈를 댈 자리가 없어 해상에 정박해야 했다. 1천 명이 넘는 여행객들은 순서대로 작은 배를 타고 미코노스로 들어갔고, 결국 우리는 7시쯤에 도착했다. 델로스 방문은 불가능한 시점, 그래도 우리는 희망을 갖고 예약한 전세 여객선을 타고 델로스로 향했다. 7시 넘어 선착장에 접근하는 우리 배를 보고 현지 관리인이 깜짝 놀라며 뛰어나와 정박을 막았다. 아직 일몰까지 1시간 이상 남았으니 잠시라도 델로스 땅을 밟게 해달라고 간절히 외쳤다. 하지만 관리인은 단호했고 우리는 뱃머리를 돌려야만 했다. 최대한 천천히 움직이면서 섬을 멀리서 바라봐야만 했다. 나무도 풀도 거의 없어 섬은 황톳빛으로 척박해 보였고, 유물이라곤 하얀 기둥 몇 개만 보이는 폐허나 다름없었다. 그런데 수평선으로 점점 기우는 황혼이 섬을 금빛으로 물들이자 '델로스'는 찬란한 고대의 영광을 드러내는 듯했다.

지중해 동쪽 에게해의 요충지, 델로스

델로스가 파괴된 것은 기원전 88년과 69년이었다. 흑해 남쪽의 왕 미트라다테스가 당시 로마의 지배를 받던 델로스를 공격해 참혹하게 파괴했다. 그 이후로 델로스는 상업적 중요성을 잃고 버려졌다. 그 이전까지 델로스는 지중해 동쪽 에게해의 요충지였다. 로마와 그리스 본토와 소아시아를 잇는 바닷길의 주요 거점으로서 상업의 중심지였고, 특히 기원전 478년 아테네를 중심으로 300여 개의 도시국가들이 참여한 델로스 동맹이 결성되면서 군사적 핵심 기지가 되었다.

델로스 동맹의 목적은 페르시아의 군사적 위협에 맞서는 것이었다. 실제로 페르시아는 기원전 5세기 초에 그리스를 세 차례나 침략했다. 첫 번째는 기원전 492년, 페르시아의 다레이오스 왕의 사위였던 마르도니오스가 마케도니아까지 왔던 것이다. 하지만 아토스산 근처 바다에서 뜻하지 않은 폭풍으로 함대가 큰 손실을 입자, 돌아가야만 했다. 그러나 다레이오스는 그리스에 대한 야욕을 포기하지 않았다.

하얀 기둥만 남아 있는 아폴론의 탄생지, 델로스섬.
황혼의 금빛으로 물들어가고 있는 듯하다.

그리스 전역에 사절을 보내 페르시아에게 복종하기를 요구했다. 아테네와 스파르타는 이 제안을 거부하고 사절들을 죽여 버렸다.

두 번째 침략은 기원전 490년에 이루어졌다. 아테네와 스파르타의 불복종에 대한 응징의 의지가 분명했다. 다레이오스는 다티스와 아르타페르네스가 이끄는 대규모 함대가 아나톨리아반도 킬리키아에서 출발하여 로도스섬과 낙소스섬, 델로스섬을 거쳐 마라톤에 상륙했다. 아테네는 스파르타에게 도움을 요청했지만, 스파르타는 국가적인 종교 행사를 이유로 즉각적인 파병을 보류했다. 그럼에도 아테네는 밀티아데스 장군의 탁월한 전략과 전사들의 굳센 용기로 명백한 수적 열세에도 불구하고 페르시아를 격파하였다. 다레이오스는 물러날 수밖에 없었다.

세 번째 침략은 기원전 480년에 이루어졌다. 다레이오스가 죽고 왕이 된 그의 아들 크세르크세스가 직접 군대를 이끌고 육로와 해로를 통해 그리스 본토로 쳐들어왔다. 두 번째 침략 때와는 달리 스파르타와 아테네는 힘을 합해 크세르크세스의 군대에 맞섰다. 테르모필라이 전투에서 스파르타의 레오니다스 왕은 300명의 친위 부대를 이끌고 페르시아에 엄청난 타격을 입히며 페르시아의 남하를 지연시켰다. 그리고 테미스토클레스가 살라미스 해전에서 페르시아 함대에 결정적인 타격을 입혔다. 크세르크세스 역시 물러나야만 했다.

그러나 페르시아는 여전히 강력했고 그리스에게 위험한 존재였다. 특히 소아시아 서쪽 해안의 그리스 도시국가들과 섬들은 페르시아의 야욕에 노출된 상태였다. 아테네는 이들을 결집해 군사적 동맹을 구축하고 페르시아의 재침에 대비했다. 기원전 478년에 대규모 해상 동맹을 결성했다. 이때 델로스는 동맹의 중심지로서 금고와 해군기지를 유치하면서 에게해의 군사적 중심지가 되었다. 24년 뒤에 페리클레스가 동맹의 금고를 아테네로 옮겨온 후에도 델로스의 군사적 중요성은 확고했다.

델로스 동맹은 아테네가 에게해의 패권자로 우뚝 서는 발판이 되었지만, 스파르타가 주도하는 펠로폰네소스 동맹과 대립하면서 그리스 내전의 화근이 되었다. 아테네가 페르시아의 위협을 빌미로 동맹국들을 강압하며 자국의 이익에 몰두하자, 이에 반발하며 기원전 471년에 낙소스를 시작으로 기원전 465년에 타소스 등 델로스 동맹을 이탈하려는 도시들이 나타났고, 펠로폰네소스 동맹을 이끄는 스파르타에게 손을 내밀었다. 아테네의 급부상을 줄곧 경계하던 스파르타는 처음에는 여러 가지 이유로 머뭇거렸지만 나중에는 적극적으로 이탈자들의 보호자가 되어 아테네에 맞섰고, 마침내 기원전 431년 펠로폰네소스 전쟁이 터졌다. 페르시아가 침략했을 때, 한마음 한뜻으로 뭉쳐 싸웠던 아테네와 스파르타는 외세가 물러나자 갈라서더니 내부의 주도권을 놓고 싸우는 꼴이 된 것이다.

27년의 전쟁은 스파르타의 승리로 끝났다. 그러나 델로스의 중요성은 크게 줄지 않았다. 기원전 4세기 말 알렉산드로스가 동방 원정에 성공한 후에도, 기원전 150년께 로마가 그리스를 제압하고 지중해의 패권을 잡은 뒤에도 델로스의 중요성은 여전했다. 특히 종교적 중요성은 퇴색되지 않았고, 오히려 이집트 신들을 위한 신전까지 더해지면서 더욱더 커졌다.

델로스의 성대한 축제

기원전 9세기부터 델로스는 4년마다 델리아라는 축제를 개최하였고, 규모는 다소 축소되었지만 기원전 6세기부터는 매년 아폴로니아 축제를 열었다. 특히 델로스 동맹이 결성되면서 축제의 규모와 의미는 더욱 커져, 펠로폰네소스반도에서 열렸던 올림피아 제전에 버금가게 성장했다. 델로스의 축제는 아테네인들이 주도했다. 아테네는 해마다 델로스에 사절단의 배를 보냈다. 고물에 화려한 꽃 장식을 한 이 배는 '테오리스'라 불렸다. 아테네의 영웅 테세우스가 탔던 배를 기념하는 것이었는데, 사연은 이렇다. 아테네가 크레타의 미노스 왕과의 전쟁에 패한 후, 9년마다(또는 매년) 식인 괴물 미노타우로스의 먹이가 될 처녀 총각 일곱 명씩을 조공으로 바쳐야 했다. 세 번째 시기가 왔을 때, 테세우스는 열네 명의 일원이 되어 크레테로 떠났다. 그는 아폴론에게 기도했다. "제가 살아 돌아온다면, 델로스로 매년 감사의 사절단을 보내겠습니다." 괴물을 물리치고 아테네로 돌아온 테세우스는 약속을 지켰고 전통은 계속 이어졌다.

배가 델로스에서 아테네로 돌아올 때까지 약 한 달 동안 아테네인들은 도시를 깨끗이 하고 사형 집행도 하지 않았다. 플라톤의 《파이돈》에 따르면, 테오리스 배가 델로스로 떠난 다음 날에 소크라테스의 재판이 열렸고 그에게 사형이 선고되었지만 배가 돌아올 때까지 집행이 미루어졌다. 그 덕에 소크라테스는 제자들과 오랫동안 철학적 대화를 나눌 수 있었다. 아폴론이 소크라테스를 사랑했기 때문에 이런 기회를 베풀었던 것일까. 그 이전에 이미 델피의 아폴론 사제 퓌티아는 소크라테스가 아테네에서 가장 지혜로운 사람이라는 신탁을 내린 터였다. 모든 사람들은 자신이 무지한 줄 모르고 뭔가를 안다고 떠들어댔던 반면, 소크라테스는 다른 사람들이 모두 모르고 있던 자신의 무지를 깨달아 알고 있었다는 이유에서였다. 흥미롭게도 소크라테스는 아폴론보다 하루 빠른 날에 태어났다고 한다.

바람의 섬, 뮈코노스

델로스 상륙에 실패하고 돌아서려니 너무 속상하고 안타까웠다. 이 또한 다음 기회를 기약해야만 했다. 돌아오는 배에서 우리는 에게해의 일몰을 볼 수 있었다. 그 광경이 너무나 황홀해서 델로스에 발을 딛지 못한 설움을 어느 정도는 달랠 수 있었다. 아까 크루즈를 타고 뮈코노스로 다가설 때, 뮈코노스 항구는 거의 모든 집이 다 하얀색으로 빛나고 있었다. 간간히 풍차도 보였다. 뮈코노스를 '바람의 섬'이라는 별명으로 부른 이유가 다 있었다. 델로스에서 돌아오는 길에 섬의 하얀 집들은 석양에 반사되어 금빛으로 반짝였다.

뮈코노스의 모양을 보고 옛 그리스 사람들은 거신족巨神族, Gigantes이 길게 누워 있다고 상상했다. 하늘의 신 우라노스가 크로노스에게 거세당했을 때, 잘린 남근에서 뿌려진 피와 정액이 땅에 닿아 태어난 거신족들은 나중에 제우스와 올림포스 12신들에게 도전했다. 거대한 몸집의 거신들은 고향 땅에서 싸우는 한 죽지 않는 운명이었다. 제우스가 벼락을 던져도, 포세이돈이 삼지창을 휘두르고 아폴론이 화살을 쏴도 거신족들은 끄떡없었다. 타격을 당하고 쓰러져도 곧 회복하고 일어나 올림포스의 신들을 위협했다. 이를 해결한 이는 제우스의 아들, 반신반인의 영웅 헤라클레스였다. 그는 거신족들을 유인해서 고향 땅에서 벗어나게 한 뒤 치명적인 화살을 쏘아 쓰러뜨렸다고 한다. 그의 화살을 맞고 거신족들이 쓰러진 곳 가운데 하나가 바로 뮈코노스였다. 쓰러진 거신족들은 곧 돌이 되었다. 이런 이유로 뮈코노스는 돌섬이 되었다고 한다. 아닌 게 아니라 뮈코노스는 델로스보다는 덜하지만, 울퉁불퉁 바위가 흔한 척박한 섬으로 보인다.

섬의 이름 뮈코노스는 아주 옛날 이곳을 다스리던 첫 번째 왕의 이름이라고 한다. 뮈코노스의 아버지는 바로 델로스에서 태어난 아폴론이다. 아들이 아니라 손자라는 이야기도 있다. 이번 여행을 통해 새삼스레 다시 확인한 것 가운데 하나는 그리스 어디를 가도, 아무리 작은 마을이라 하더라도 다 나름의 신화를 가지고 있다는 것이다. 세세한 내용은 생소한 것이 많지만, 결국 우리가 알고 있는 유명한 신들과 영웅들로 연결되어 있었다. 땅은 그냥 땅이 아니고 섬도 그냥 섬이 아니라 신들의 일부고 나름의 흥미진진한 신화를 품고 있었다.

우리 일행 중의 일부는 델로스를 포기하고 뮈코노스를 더 즐기겠다고 남았다. 둘로 나뉘었던 우리는 시간을 맞춰 레스토랑에서 만났다. 주변 건물들이 모두 하얀색인데, 우리가 만찬을 즐긴 식당은 텐트도 의자도 테이블도 모두 하얀색이었다. 델로스 팀이 섬에 들어가지도 못하고 허탕을 쳤다는 이야기를 듣더니 뮈코노스 팀은 유쾌하게 폭소를 터뜨렸다. 그래도 멀리서나마 보았던 델로스는 신비로웠다고, 델로스 동맹의 함선들이 바다에 일렁이는 기분을 느꼈다고, 석양이 아름다웠다고 항변하며 한껏 대화가 무르익었다. 술잔을 부딪치며 웃고 떠드는 사이, 배를 탔던 팀은 델로스 동맹이 되었고 뮈코노스에 잔류했던 팀은 펠로폰네소스 동맹을 자처하고 의기투합하며 껄껄댔다. 그렇게 밤이 깊어갔다.

10

풍요의 여신
아르테미스의 도시로

::::: 에페소스 :::::

아폴론의 섬에서 아르테미스의 도시로

크루즈를 타고 그리스를 여행하면 몇 가지 좋은 점이 있다. 가장 먼저 꼽을 수 있는 장점은 배가 움직이는 호텔 노릇을 하기 때문에 많은 시간을 절약할 수 있다는 것이다. 델로스 옆 미코노스에서 밤 11시에 출발한 배는 밤새 서서히 움직여 아침에 터키 서쪽 쿠사다시에 도착했다. 자고 일어나니 새로운 곳에 와 있는 것이다. 또 다른 좋은 점은 배위에서 일몰이나 일출을 볼 수도 있다는 것이다. 어둠에 검게 물들었던 에게해 위로 솟아오르는 태양이 노을로 번져가는 모습은 자연이 짓는 한 편의 시다. 아침저녁의 노을이 아니더라도 그저 바다 위에서 배로 달리는 것만으로도 신난다. 호메로스가 표현했듯이 "불모의 바다를 쟁기질하며 달리는 것" 자체가 가슴 전체를 파랗게 물들인다. 시리도록 푸른 하늘, 잔잔한 옥빛 바다, 드문드문 보이는 짙은 황톳빛 섬들, 양떼처럼 느릿느릿 걸어가는 새하얀 구름들, 햇볕에 따뜻이 데워진 살갗 위로 스쳐가는 상쾌한 바람, 그리고 다시 바람에 식은 피부를 데우는 강렬한 태양, 이 모든 것들이 온몸에 잠자던 감각들을 산뜻하게 깨운다. 6월의 에게해 위에 떠 있는 것이라면, 그저 좋다.

쿠사다시에서 차로 25분 정도 달리면 에페소스에 도착한다. 전설에 따르면, 에페소스를 세운 사람은 아테네의 왕자 안드로클로스였다. 그는 친구들과 함께 물고기를 잡아 구워 먹고 있었는데, 불붙은 물고기가 튀어나가 불이 났고, 불길을 피해 멧돼지 한 마리가 숲속에서 튀어나왔다. 안드로클로스는 친구들과 함께 멧돼지를 쫓아가 잡고서는 그 자리에 나라를 세웠다고 한다. 일찍이 그는 델피의 아폴론 신전에 갔다가 "물고기와 멧돼지가 너의 길을 인도하리라"라는 신탁을 들었는데, 바로 그 순간 신탁의 뜻을 깨달았던 것이다.

에페소스의 번영

페르시아 전쟁 이후, 아테네를 중심으로 델로스 동맹이 결성되자 에페소스는 회원국이 되었다. 기원전 431년에 아테네와 스파르타 사이에 펠로폰네소스 전쟁이 터지자, 에페소스는 아테네와 함께 스파르타와 싸웠다. 그러나 얼마 후, 아테네에게 등을 돌리고 스파르타 쪽으로

에페소스 극장.
2만 5천 명을 수용할 수 있는 규모가 압권이다.

붙었다. 미리부터 전세를 읽었던 것일까. 전쟁은 결국 27년 만에 스파르타 쪽 펠로폰네소스 동맹이 승리를 거두었다. 그러나 전쟁의 와중에 페르시아로부터 결정적인 도움을 받았던 스파르타는 이오니아 해변에 있던 그리스 식민 도시의 많은 수를 페르시아에게 넘겨줘야 했고, 에페소스는 그렇게 페르시아에게 넘어간 대표적인 도시가 되었다.

나중에 알렉산드로스가 이곳을 정복하면서 에페소스는 페르시아의 치하에서 벗어나 다시 그리스의 도시가 될 수 있었다. 로마의 지배 아래에서 에페소스는 더욱더 번성하며 최절정에 이르렀다. 고대 그리스의 지리학자 스트라본이 "에페소스는 로마 다음으로 큰 도시였다"고 기록할 정도였다. 지금도 수많은 그리스 로마 유적이 에페소스의 영광을 가늠하기에 충분하게 남아 있다. 특히 2만 5천 명을 수용했다고 하는 거대한 극장은 압권이다. 극장은 에페소스로 들어오는 옛 항구에서 바로 보이는 곳에 위치했다. 파나이르 언덕 비탈에 조성된 극장은 알렉산드로스의 후계자였던 뤼시마코스 시대에 처음 지어졌고, 훗날 로마인들에 의해 증축되었다. 아테네의 디오뉘소스 극장이나 에피다우로스의 극장보다 훨씬 더 규모가 컸다. 에페소스의 내륙 쪽 입구에는 1천여 명 정도가 앉을 수 있는 아주 작은 규모의 아담한 극장이 있어 대조적이다.

그 밖에도 하드리아누스 황제를 신격화하여 세운 신전도 볼 수 있다. 아주 흥미로운 것은 로마인들의 공중화장실이다. 여러 명이 앉아서 볼일을 볼 수 있도록 벤치 같은 돌의자에 일정한 간격으로 최적화된 구멍이 뚫려 있다. 산에서 물을 끌어다가 흐르게 한 과학적인 수세식 화장실이었다. 켈수스 도서관에서 사각형 아고라로 가는 길에는 어떤 건물로 들어가는 입구에 사람 발 모양이 새겨져 있다. 그곳은 미성년자들의 출입이 엄격하게 통제된 유곽의 입구였는데, 바닥에 그려진 발 모양보다 발이 큰 사람만 들어가게 했다고 한다. 그게 사실이라면 우스운 일이 아닐 수 없다. 발 크기로 성인과 미성년자를 구분한다는 발상이 말이다. 발이 작은 어른은 억울하게 출입이 통제된 셈이다.

철학자들의 고향

가장 아름다운 자태를 뽐내는 유적은 독보적인 조형미를 뽐내는 켈수스 도서관이다. 서기 110년경, 집정관이었던 가이우스 율리우스 아퀼

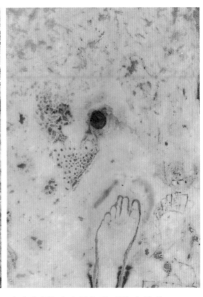

산에서 물을 끌어다가 흐르게 한
수세식 화장실.

미성년자들의 출입을 통제하기 위해
바닥에 새긴 발 그림.

라는 자신의 아버지 켈수스를 위해 이 도서관을 기획했고, 하드리아누
스 황제 치하에 완성되었다. 알렉산드리아 도서관과 페르가몬 도서관
에 이어 세 번째로 큰 서양 고대 세계의 도서관이었다. 12만 개 정도의
두루마리가 있었다고 한다. 1970년대에 복원된 도서관의 파사드에는
우아하고 이지적인 네 명의 여성상이 세워져 있다. 조각상 밑에는 지혜
Sophia, 덕Aretē, 사유Ennoia, 지식Epistēmē이라고 새겨져 있다. 이 도서관
의 헌정 대상인 켈수스가 이 네 가지 미덕을 갖추고 있었음을 보여주
는 동시에, 이곳에 오는 이들이 책을 읽고 탐구하며 깊이 숙고하여 켈
수스와 같이 훌륭한 인물이 되기를 바라고 권하는 의미로 새겨진 것이
리라.

켈수스 도서관이 있어서도 그렇지만, 위대한 고대 그리스 철학

자의 고향이라는 점에서도 에페소스는 고대 그리스철학을 전공하는
사람들에게 뜻깊은 곳이다. 만물은 근본적으로 불이며, 이글거리는 불
처럼 쉼 없이 운동하고 변화하는 것이 만물의 본성이라고 주장한 헤라
클레이토스의 고향이 바로 에페소스다. 그 외에도 인근에는 다른 유명
한 철학자들의 고향도 여럿 있다.

　　차로 1시간 정도 남쪽으로 달리면 밀레토스에 갈 수 있다. 그곳
은 서양철학의 요람이다. 그리스철학사의 첫 페이지를 장식하는 탈레
스가 그곳 출신이기 때문이다. 그는 만물을 이루는 근본 요소는 물이
라고 했다. 탈레스가 헤라클레이토스를 만났다면, 둘은 어떤 대화를
나눴을까? 물과 불의 만남이니 격렬한 논쟁이 벌어졌을 것만 같다. 물

론 둘은 만난 적이 없다. 탈레스가 세상을 떠날 때, 헤라클레이토스는 다섯 살쯤 된 어린아이였기 때문이다.

에페소스와 밀레토스와 함께 정삼각형의 꼭지점을 이루는 서쪽 바다에 사모스섬이 있다. 그곳은 삼각함수로 유명한 피타고라스의 고향이다. 우리는 어렸을 적에 수학에서 그를 만나지만, 그는 본디 철학자였다. 그는 만물은 물이나 불 같은 물질이 아니라 수數로 이루어져 있고, 우주는 수의 완벽한 비율로 질서를 이루는 코스모스Kosmos라고 주장했다. 그의 관심은 만물을 이루는 구체적인 질료보다는, 그 무엇으로 되어 있든 만물이 갖춘 모습, 즉 형상에 있었다는 점에서 앞서 소개한 두 사람과는 사유의 길이 달랐다.

사모스섬 서쪽 가까이에는 '이카리아'라는 섬이 있다. 그곳에는 하늘을 날다가 떨어져 죽은 이카로스라는 신화의 주인공이 묻혀 있다고 한다. 그의 아버지는 그리스의 전설적인 건축가이며 발명가인 다이달로스였다. 크레타의 미노스 왕은 다이달로스에게 한번 들어가면 절대로 빠져나올 수 없는 미로의 궁전을 지어달라고 부탁했다. 그러나 미노스 왕에게 미움을 사자 다이달로스는 이카로스와 함께 그 궁전에 갇혔다. 탈출을 궁리하던 다이달로스는 마침내 이카로스와 함께 새의 깃털을 모아 커다란 날틀을 만들어 등에 짊어지고 날아올라 미궁을 빠져나왔다. 탈출의 기쁨도 잠시, 하늘을 날게 되자 흥분한 이카로스는 아버지의 경고를 무시하고 너무 높이 날아오르다 참변을 당했다. 이글거리는 태양열이 깃털을 이어 붙인 밀랍을 녹이는 바람에 바다로 추락한 것이다. 마침 그곳에 와 있던 영웅 헤라클레스가 이카로스의 시신을 수습하였고, 뒤늦게 아들의 행방을 찾은 다이달로스는 헤라클레스에게 아들이 추락한 곳 가까이에 있는 섬에 묻어달라고 간청했다. 그 섬이 이카로스의 이름을 딴 이카리아섬이다. 그리고 그가 빠져 죽은 바다는 이카리아해라고 불리는데, 이카리아섬 북쪽에 있다.

아르테미스 신전은 어디로 갔나?

에페소스에는 고대 세계 7대 불가사의 건축물의 하나인 아르테미스 신전이 있었다. 이곳의 아르테미스는 그리스 본토에서 보는 것과는 달리 수많은 젖가슴을 가진 풍요와 다산의 여신으로 그려진다. 첫 번째 신전이 홍수로 무너지자, 기원전 6세기 중반에 다시 세워졌다. 새로운 신전은 전설적인 부자로 유명한 리디아의 크로이소스 왕이 돈을 대서 웅장하게 세워졌다. 과시욕이 강했던 그는 신전과 함께 자신의 이름이 영원히 기억되길 원했다. 그러나 그 신전은 어이없이 무너졌고, 크로이소스 대신 엉뚱한 이름이 신전과 함께 기억되고 있다. 기원전 356년에 헤로스트라토스라는 천한 신분의 사내가 신전에 불을 지른 것이다. 그의 범행 동기는 크로이소스 왕과 같았다. "나의 이름을 불멸의 것으로 역사에 남기기 위해서."

이때 아르테미스 여신의 사제들은 어디에선가 장차 세상을 불바다로 만들 인물이 태어난 것 같다며 전율했다. 그 예언은 사실이었을까? 신전이 불타던 날, 때마침 마케도니아에서는 장차 페르시아를 정복하고 대왕으로 불릴 알렉산드로스가 태어났다고 한다. 그의 어머니 올림피아스는 꿈을 꾸었다. 하늘에서 번개가 내리쳐 그녀의 배를 때리

더니 불길이 번져 세상을 전부 태우더라는 것이었다.

　　그로부터 22년 뒤, 알렉산드로스가 페르시아 원정 과정에서 에페소스를 방문했다. 알렉산드로스는 에페소스의 사제들과 시민들에게 아르테미스 신전을 재건할 수 있는 일체의 비용을 댈 테니 자신의 이름을 신전 앞에 새겨달라고 요청했다. 그의 의도도 크로이소스나 헤로스트라토스와 같았을 것이다. 사제들은 예전의 방화 사건을 떠올리며, 세상을 불바다로 만들 예언의 인물이 바로 그였음을 알아차렸다. 그들은 알렉산드로스의 제안을 거절하기 난처했지만, 거절해야만 했다. 신과 같이 불멸하고자 하는 인간의 불경스러운 욕망이 또다시 경건한 신전을 더럽히는 것을 원치 않았던 것이다. 그들의 슬기로운 거절이 지금까지도 전해진다. "신이신 폐하께서 다른 신을 위해 신전을 짓는 것은 적절한 일이 아닙니다." 알렉산드로스는 거절당하면서도 기분이 나

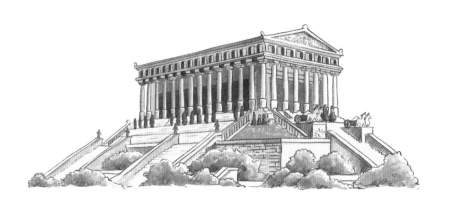

아르테미스 신전의 상상도.

쁘지 않았고, 사제들의 지혜를 존중하며 에페소스를 떠났다.

그 후 에페소스인들은 자신들의 힘으로 더 웅장한 새 신전을 건축했다. 그러나 고트족의 침략에 무참히 파괴되고 나중에 기독교에 의해 폐쇄되면서, 지금은 신전의 주춧돌과 함께 기둥 하나만이 외롭게 남아 있다. 아르테미스 여신을 기리는 화려한 행렬과 함께 대규모 축제가 봄이 되면 열렸다고 하는데, 자세한 기록은 신전처럼 사라지고 폐허 같은 단편들만이 아득한 메아리처럼 전해진다.

기독교의 성지, 에페소스

에페소스는 기독교인들에게도 각별한 의미가 있다. 우리말 성경에는 에베소라고 하는데, 기독교의 초석을 세운 사도 바울이 교회를 세운 곳이다. 에페소스로부터 5킬로미터 정도 떨어진 산속에는 예수의 어머니 마리아가 말년을 보냈다는 유적지도 있다. 십자가에 달린 예수는 마리아가 다가오자, "여자여, 보소서 아들입니다"라고 했고, 그 곁에 있는 요한에게 "보시오. 그대의 어머니입니다"라고 했다. 요한은 예수의 말을 명심하며 마리아를 이곳에서 평생토록 모셨다고 한다.

쿠사다시에 도착한 우리 일행이 에페소스로 가기 전에 먼저 들른 곳이 바로 그 '성모 마리아의 집'이었다. 그곳 안내판에는 흥미로운 내용이 기록되어 있다. 1878년에 독일의 수녀였던 카테리네 에메리히(1774~1824년)는 어느 날 꿈을 꾸면서 계시를 받았다. 깨어났는데도 지워지지 않고 너무나 생생해 그 내용을 기록하여《성모 마리아의 생애》라는 책을 펴냈다. 그녀는 꿈에서 성모 마리아가 생애 마지막 순간을 보냈던 집의 위치를 들었고, 그것을 책에 그대로 적어 넣었다. 1891년에는 나자렛이라는 신부가 탐사반을 조직하여 책이 지시한 위치를 찾아갔는데, 성모 마리아의 집을 발견했다고 한다. 놀랍게도 에메리히 수녀가 묘사한 그대로였다. 정말 신기한 것은 에메리히 수녀는 자기가 태어났던 고장을 단 한 번도 떠난 적이 없었다고 한다. 100년 전까지만 해도 그리스정교도들은 해마다 8월 15일을 마리아 승천일로 지키면서 이 집을 찾는 순례 행사를 가졌다고 한다. 집 아래로 내려오면 담벼락이 있는데 방문객들이 소원을 종이에 적어 매달아놓은 것이 빼곡했다. 우리 일행도 잠시 멈춰 서서 각자의 간절한 소망을 종이에 적어 담벼락에 걸어놓는 진지한 '의식'을 거행했다.

마리아의 죽음 이후, 요한은 그곳에서 멀지 않은 파트모스섬(밧

'성모 마리아의 집' 담벼락에 방문객들의 소원을 담은 종이들이 빼곡하게 달려 있다.

모섬)에서 마지막 삶을 보내며 '계시록'을 집필했다. 네로 황제로부터
시작되었던 기독교의 박해는 도미티아누스 황제에 이르러 더욱더 극
악해졌다. 그 서슬에 요한은 유배를 당했다. 이렇게 에페소스는 그리
스와 로마, 그리고 기독교의 유서 깊은 명소로 가득한 문명의 보고와
도 같은 곳이다.

11

태양의 신
헬리오스의 도시

::::: 로도스 :::::

로도스의 수호신 헬리오스

예수의 제자 요한은 파트모스섬에서 생의 마지막 날을 보냈다. 섬 꼭
대기에는 그가 기거하며 계시록을 썼다는 동굴이 있다. 네로 황제로부
터 시작되었던 기독교인 박해가 절정에 이르렀던 도미티아누스 황제
시절, 요한은 그들을 사탄이 보낸 악마로 묘사하곤 했다. 그가 머물던
동굴에는 신의 계시가 흘러나왔다는 바위틈이 있다. 요한이 손과 발을
넣고 기도했다는 흔적도 남아 있었는데, 훗날 그 신령한 곳에 많은 사
람들이 '감히' 손을 집어넣곤 했다. 결국 그곳에 그야말로 '금테'를 두
르고 접근을 금했다.

요한이 손과 발을 넣어 기도했다는 바위틈. 금테를 둘러 접근을 금하고 있다.

그 동굴을 작은 교회가 감싸고, 요한 수도원이 그 전체를 둘러서 조성되어 있다. 사람들은 이 섬을 '에게해의 예루살렘'이라고 부르곤 한다. 우리 일행은 이곳을 둘러본 후에 다시 크루즈에 올랐다. 선상 뷔페에서 만찬을 즐기는 동안, 배는 남쪽을 향해 서서히 움직였다. 철썩이는 파도를 타고 불어오는 바람은 끈적이지 않고 맑고 상쾌하게 살갗을 스쳐갔다. 에게해로 번지는 석양 노을을 감상하며 고대 그리스 문명과 역사, 신화를 이야기하는 동안 밤은 짙고 푸르게 깊어갔다.

새벽녘에 일어나 선상 갑판으로 나갔을 때, 아침노을에 붉게 물든 로도스섬이 눈앞에 펼쳐져 있었다. 밤새 약 300킬로미터를 달려온 것이다. 크루즈가 정박하는 터미널로 들어서기 직전, 중세 양식의 탑으로 세워진 성聖니콜라스 요새가 한눈에 들어왔다. 먼 옛날 그 자리

로도스

로도스의 수호신 헬리오스 신상의 상상도.
고대 세계 7대 불가사의 중 하나였으나
기원전 2세기경 로도스를 강타한 지진으로 무너졌다.

에는 태양의 신 헬리오스의 거대한 신상이 세워져 있었다고 한다. 기원전 280년쯤, 로도스 출신의 조각가 카레스의 작품이었다. 이 거상(33미터)은 뉴욕에 있는 자유의 여신상(46미터)보다는 작았지만, 그 시대에 이런 엄청난 청동상을 세웠다는 것은 기술적으로 놀라운 일이다. 헬리오스는 머리에 태양 광선이 사방으로 퍼져나가는 관을 쓴 모습으로 그려진다. 자유의 여신상이 머리에 쓴 것과 거의 흡사했던 것 같다. 아마 옛 로도스인들이 자유의 여신상을 본다면, 헬리오스의 거상과 매우 닮았다며 깜짝 놀랄 일이다. 알렉산드로스의 후계자 중 하나인 안티고노스의 아들 데메트리오스 1세가 로도스를 침략했을 때, 이를 막아낸 로도스인들은 헬리오스가 자신들을 도와줬다고 굳게 믿고 거상을 세웠다. 헬리오스가 로도스의 수호신인 까닭이다.

헬리오스 신상이 서 있었다는 성니콜라스 요새.

크루즈 선착장에서 본 로도스시의 성벽과 도시 전경.

헬리오스는 제우스에게 사촌형이었고, 제우스의 아들 아폴론에게는 5촌 당숙이었다. 제우스가 세상의 지배자가 되었을 때, 태양을 다스리는 권한을 아들인 아폴론에게 주었지만, 태양의 마차를 이끌고 세상을 비추는 역할은 계속 헬리오스가 맡은 것으로 보인다. 옛날 사람들 중 많은 수가 헬리오스와 아폴론을 같은 신이라고 혼동했지만, 일반적으로 둘은 구별된다. 델로스가 아폴론의 고향으로서 태양의 섬이라고 할 수도 있겠지만, 로도스야말로 태양신의 도시라고 할 만하다. 태양이 돋고 저무는 것을 사방에서 볼 수 있어 찬란하면서도, 척박한 델로스와 비교도 안 될 정도로 인간이 살아가기에 비옥하고 가축들에게도 온화한 땅이기 때문이다. 그야말로 태양의 축복을 받은 섬이다.

로도스의 탄생

로도스 출신의 디아고라스는 당대 최고의 권투선수로 명성이 드높았다. 그는 제79회 올림피아 제전(기원전 464년)의 권투 경기에서 우승을 차지하고 올리브 관을 썼을 뿐만 아니라, 퓌티아 제전 등에서 열린 주요 권투 경기에서 우승한 불세출의 '주먹'이었다. 로도스 사람들은 섬을 통치하던 귀족 가문 출신인 그의 위력에 놀라고 반한 나머지, 그를 헤르메스의 아들이라고 추켜세웠다. 범그리스 제전의 찬가 전문 서정시인 핀다로스는 디아고라스를 위해 〈올림피아 찬가〉(7번)를 썼다. 그 시는 디아고라스의 고향인 로도스의 탄생을 신비롭게 노래한다.

어느 날, 제우스는 신들과 함께 회의를 했다. 세상의 모든 땅을 골고루 나눠 갖기 위해서였다. 그때 헬리오스는 신들의 모임에 참가하지 못했다. 다른 신들은 그를 전혀 신경 쓰지 않은 채 땅을 모두 나눠 가졌고 그를 위해서는 아무런 땅도 남겨두지 않았다. 이 사실을 알게 된 헬리오스는 제우스에게 따졌다. 다시 제비를 뽑아야 할까? 헬리오스는 그럴 필요 없다며, 바다 깊은 곳에 봐둔 땅이 하나 있으니 그것을 갖겠다고 했다. 얼마 후, 그의 말대로 커다란 섬이 바다 위로 떠오르자, 헬리오스는 그것을 자신의 몫으로 삼았다. 헬리오스는 그곳에서 아프로디테의 딸 로도스와 누워 사랑을 나누었고, 둘 사이에는 일곱 명의 아들이 태어났다. 다른 작가들에 따르면, 로도스는 바다의 신 포세이돈의 딸이라고 한다. 이렇게 해서 그 섬은 로도스라 불리며 태양의 신 헬리오스의 섬이 되었다. 위기를 극복한 로도스인들이 섬의 초입에 그의 거상을 세운 건 그런 까닭에서였다.

헬리오스와 관련해서는 그의 아들 파에톤의 이야기를 빼놓을 수가 없다. 파에톤은 태어나면서부터 아버지를 본 적이 없었다. 어머니 클뤼메네와 사랑을 나눈 헬리오스가 훌쩍 그녀 곁을 떠났기 때문이다. 청년이 된 파에톤은 아버지를 찾아 떠나기로 결심했다. 에티오피아와 인디아를 지나 동쪽 끝으로 하염없이 걸었다. 마침내 헬리오스의 궁전에 도착했을 때, 파에톤은 아버지 품에 안길 수 있었다. 파에톤은 아버지를 본 적이 없지만, 매일 태양의 마차를 몰며 동에서 서로 달리던 헬리오스는 매일 파에톤을 내려다보며 그의 성장을 관찰하고 있었다. 헬리오스의 환대에도 불구하고 파에톤은 정말 헬리오스가 아버지인가를 시험하고 싶었다. 헬리오스가 매일 모는 태양의 마차를 하루만 몰게 해달라고 요구했다.

헬리오스는 파에톤의 요구를 거부할 수가 없었다. 한 번 맹세를 하면 물릴 수 없는 스튁스강에 맹세하고 파에톤의 소원을 모두 들어주기로 했기 때문이었다. 마침내 태양의 마차를 몰게 된 파에톤은 하늘로 치솟아 올라가는 순간, 자신이 큰 실수를 저질렀다는 것을 곧바로 깨닫게 되었다. 태양의 마차는 아무나 몰 수 있는 것이 아니었다. 그는 말들을 통제할 수 없어 너무 높이 올라가기도 하고 너무 낮게 땅으로 내려오기도 했다. 그러는 사이 땅은 태양열을 받아 순식간에 불바다가 되는가 하면, 너무 높이 치솟아버리면 열을 받지 못해 꽁꽁 얼어붙었다. 이를 제어하기 위해 제우스는 번개를 던질 수밖에 없었다. 마차는 박살이 났고, 파에톤은 곤두박질치듯이 추락하여 목숨을 잃고 말았다. 파에톤은 이카로스와 함께 치명적인 추락의 신화의 주인공이 되고 말았다.

7대 불가사의, 7가지 장관

비잔티움 출신의 뛰어난 엔지니어였던 필론은 로도스를 방문하여 그 거상을 보며 경탄했다. 필론은 알렉산드로스 대왕이 정복한 거대한 제국 이곳저곳에서 인간들이 만들어놓은 경이로운 건축물들을 탐방하며 기록을 남겼다. 고대 세계 '7대 불가사의Thaumata'라고 불리는 것들인데, 그의 글의 원래 제목은 〈7가지 장관壯觀, Theamata에 관하여〉였다. 고대인들은 원제목의 '테아마타(볼거리)'를 '타우마타(경탄거리)'로 잘못 읽고(?) '불가사의'라고 새겼고 지금까지도 그렇게 불린다. 필론의 글은 이렇게 시작한다. "일곱 가지 장관 하나하나는 너무 유명해서 모든 사람이 알고 있지만, 직접 눈으로 본 사람은 아주 드물다." 왜냐하면 당시 교통수단으로는 엄청난 거리를 두고 떨어져 있는 이것들을 모두 둘러보기가 만만치 않았기 때문이다.

일곱 가지 장관을 다 보려면 운도 따라야 한다. 지금 우리는 오직 이집트의 피라미드만 볼 수 있다. 그것도 이제는 코로나19 때문에 당분간 보기가 힘들다. 필론이 소개한 바빌론의 공중정원, 올림피아의 제우스 신상, 바빌론의 성벽, 에페소스의 아르테미스 신전, 할리카르나소스의 마우솔레움은 아예 사라져버렸다. 필론도 자칫 헬리오스 거상을 소문만 듣고 못 볼 뻔했다. 필론이 거상을 본 뒤에 얼마 지나지 않아 로도스를 뒤흔든 지진이 그것을 무너뜨렸기 때문이다. '인생은 짧고 예술은 길다'는 말이 있지만, 아무리 길어도 시간의 흐름 속에서 영원한 것은 없는가 보다. 신도 자신의 신상을 지키지 못하니 말이다.

운 좋게 필론은 일곱 가지 장관을 모두 보았지만 무척 고단했다. 그는 말한다. "이 일곱 가지 장관을 보려고 집 밖으로 나가 세상을 이리저리 돌아다니다 보니 여독으로 쇠약해졌다. 보고 싶은 욕망을 다 채우고 나니, 그렇게 흘러간 세월에 짓눌려 이제 인생은 살아갈 날을 거의 다 잃고 말았다." 회한이 가득하다. 그러나 죽기 전에 인간들이 만들어낸 걸작들을 맘껏 볼 수 있어서 여한이 없다, 이 또한 괜찮은 삶이 아니겠느냐는 자족의 여운도 느껴진다. 거상이 사라진 곳을 보며 상상의 그림을 그리는 것만으로 가슴이 벅차올랐으니 말이다.

요한기사단장의 궁전.

요한기사단의 성벽

헬리오스 거상이 있던 자리의 요새 뒤로는 중세 양식 성벽이 해안선을 따라 도시를 단단하게 감싸고 있다. 철통같은 요새다. 이 성벽은 1306년부터 로도스에 터를 잡은 요한기사단이 세운 것이다. 이 기사단은 처음에는 예루살렘의 세례요한 묘지에 진료소를 세우고 의료 활동을 했지만, 이슬람과의 십자군 전쟁을 통해 점점 군사적인 면모를 갖추게 되었다. 1291년 무슬림의 공격을 버텨내지 못하고 예루살렘을 떠난 요한기사단은 키프로스를 거쳐 로도스에 정착했다.

요한기사단의 명성은 100배가 넘는 전력으로 로도스를 공격한 오스만제국의 군대에 맞서 싸워 승리를 거두었을 때 절정에 이르렀다. 1522년의 일이었다. 당시 오스만제국은 약 400대의 함대가 10만 명의 병사를 싣고 로도스를 공격했다고 한다. 일부 기록은 10만이 아니라

20만이었다고 한다. 이때 요한기사단의 병력은 대략 7천 명 정도였다. 6개월 동안 오스만제국의 병사들은 로도스를 공략했지만 성공하지 못했다. 로도스의 수호신 헬리오스가 그들을 보호했던 까닭일까? 로도스 시는 그들의 군사적 성공을 증언하는 성벽으로 둘러싸여 잘 보전되어 있다. 오늘날에도 그 당시 기사단의 위용을 단단하게 간직하고 있는 것이다. 기사단장의 궁전에서부터 항구와 바다로 이어지는 출입문까지 경사면을 따라 '한 땀 한 땀' 닦여 있는 '기사들의 거리'를 걷다 보면 시간을 훌쩍 넘어서 중세로 들어선 기분이 확실하게 든다. 당시 기사들이 머물고 회합을 갖던 집의 출입문에 문패처럼 새겨져 있는 가문의 문장紋章들은 자신들의 역사에 관해 이해할 수 없는 언어로 뭔가를 속삭이는 것만 같다.

강하게 저항했지만 요한기사단은 오스만제국의 대군의 공격에 버텨낼 수가 없었다. 그럼에도 전멸은 면할 수가 있었다. 죽음도 불사하겠다는 각오로 버텨내는 용기와 뚝심은 적들조차 경의를 표하게 만들었고, 마침내 그들에게 퇴로를 열어주었기 때문이다. 요한기사단은 이탈리아반도 끝에 있는 시칠리아섬으로 옮겨갔고, 그 이후에도 유럽의 이곳저곳을 떠돌아다녀야만 했지만, 1530년에 교황 클레멘스 7세와 스페인의 왕 찰스 5세는 요한기사단이 몰타에 정착할 수 있도록 합의했다.

이런 이유로 우리 일행은 나중에 기회가 된다면 꼭 몰타에 가보자고 의기투합했다. 그리고 그 결의는 이듬해인 2020년 1월 말에 거짓말처럼 실현되었다. '뜻이 있는 곳에 길이 있다'는 말은 모두가 마음에 되새겨볼 가치가 있는 명언임에 분명하다! 우리도 우리지만 요한기사단의 끈질긴 생명력을 두고 하는 말로 안성맞춤이기도 하다. 현재까지도 이들은 로마에 본부를 두고 일종의 국가처럼 존속하고 있으니 말이다.

기사의 거리가 끝나는 지점에는 소크라테스의 이름이 붙은 거리도 있다. 그곳에서 우리 일행은 작은 규모로 흩어져 점심을 먹기로 했다. 단체로 들어가 함께 식사할 만한 식당을 구하기가 어려웠기 때문이다. 나는 작은 광장이 내려다보이는 2층의 레스토랑에 자리를 잡았다. 로도스섬의 성채가 병풍처럼 배경을 둘러선 풍경이 시야로 들어왔다. 누렇고 건조한 성채는 파란 하늘과 대조를 이루며 선명하고 위풍당당하게 역사를 품고 서 있었다. 그리스식 피자와 감자와 오징어튀김, 새우와 홍합이 쌀과 함께 버무려진 해물요리에 '뮈토스'라는 이름의 맥주를 함께 마셨다. '뮈토스Mythos'가 '이야기, 신화'라는 뜻이니, 신화를 벌컥벌컥 들이는 것 같았다. 예전에도 뙤약볕에 아크로폴리스를 둘러본 후 뮈토스를 마신 적이 있었는데, 세상에서 가장 맛있는 맥주라는 생각이 들었다.

12

아테나 신전을 품은
아크로폴리스

::::: 린도스 :::::

시간을 거슬러 린도스의 아크로폴리스로

로도스 여신은 태양신 헬리오스의 연인이었다. 아름다운 그녀의 이름이 곧 찬란한 섬의 이름이고, 그 섬의 북쪽에 있는 대규모 항구도시의 이름이기도 했다. 로도스에 도착한 일행은 시내를 둘러보는 일정을 오후로 미루고 일단 린도스로 가기로 했다.(이 책에서 나는 로도스에 들른 이야기를 앞에 썼지만, 린도스를 오전에 먼저 들르고 로도스를 나중에 들렀다.) 로도스시로부터 동쪽 해안을 따라 남쪽으로 1시간 정도 차를 타고 내려오면 린도스에 도착한다. 로도스섬의 중간쯤 되는 곳이다. 해안선을 따라 펼쳐진 금빛 모래사장의 해수욕장이 관능적인 유혹의 손길을 보낸다. 올

린도스의 아크로폴리스, 성벽이 하늘과 맞물려 있다.
그곳에 오르는 길은 역사를 거슬러 올라가는 시간여행과도 같다.

록볼록한 해안선 곳곳에 있는 크고 작은 만과 항구들은 어선과 함께 멋진 요트들을 품고 있어 이곳이 휴양의 도시임을 말해준다.

바다에 빼앗긴 시선은 곧 우뚝 솟은 아크로폴리스의 당당한 모습으로 향한다. 약 125미터가량의 높이다. 자연의 거친 바위 위에 지퍼의 이빨처럼 생긴 인공 성벽이 하늘과 맞물려 있다. 그곳에 오르는 길은 역사를 거슬러 올라가는 시간여행과도 같다. 일단 출발점은 현대다. 평지의 마을에는 옛날식의 골목길이 미로처럼 얽히고설켜 있고 그 길들을 따라 수많은 상점들이 아기자기하게 들어서 있다. 처음 방문한 관광객이라면 길을 잃고 헤매기 십상이다. 골목 자체도 역사의 손때가 잔뜩 묻어 있지만 아크로폴리스에 비하면 현대적이다.

꼬불꼬불 골목길을 지나 아크로폴리스에 다가서면 사방을 둘러선 우람하고 탄탄한 성벽이 키 큰 거인처럼 우뚝 서서 올라오는 사람들을 내려다본다. 도도하고 고압적인 자태의 성벽은 서기 13세기경 로

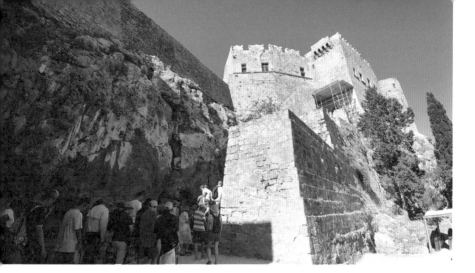

도스섬을 장악했던 요한기사단이 쌓았다. 현대를 빠져나와 엄숙한 중세로 들어서는 느낌으로 충만하다.

중세의 도도한 성벽 안으로 들어서는 계단 입구에는 매우 인상적인 고대의 흔적이 방문객을 맞이한다. 촘촘히 단단하게 잘 쌓아 올린 성벽은 울퉁불퉁한 바위에 기초를 두고 있는데, 그 천연의 바위 위에는 고대 그리스의 삼단노선 전함의 이물이 부조로 새겨져 있다. 기원전 180년경 퓌토크리토스의 작품이다. 이 사람은 당대 최고의 조각가로서 루브르 박물관에 있는 그 유명한 '사모트라케의 니케(승리의 여신)상'을 남겼다. 배의 중심부가 새겨진 바위 앞으로는 작은 공터가 있는데, 조각상의 받침대가 남아 있다. 거기에는 하게산드로스 장군의 동상이 세워져 있었다고 한다. 아쉽게도 지금은 없다. 그가 로도스의 해군을 지휘하여 거둔 승리를 기념하기 위해 사람들이 정성껏 동상을 세웠다고 한다.

기원전 3세기에 만들어진 도리아식 스토아 주랑의 모습.

삼단노선의 부조를 왼쪽으로 두고 가파른 계단을 올라 아치형 문을 통과해서 다시 터널처럼 뚫린 건물의 내부를 빠져나가면 마침내 성벽 안으로 들어선다. 아크로폴리스를 둘러싼 중세의 성벽을 통과하여 마침내 고대 세계로 들어서는 것이다. 눈부시게 찬란하다. 중세의 높은 성벽 때문에 바다는 보이지 않지만, 성벽 위로 펼쳐지는 파란 하늘이 사람들을 반갑게 맞이한다. 오른쪽으로 방향을 틀면 아치형 구멍들이 마치 상점처럼 연속적으로 파여 있는 두꺼운 장벽이 양쪽으로 보이고, 그 한가운데로 제법 널찍한 계단이 통로처럼 닦여 있다. 기원전 2세기 헬레니즘 시대에 닦인 것이다. 천상에 이를 것만 같이 계단의 끝은 하늘과 맞닿아 있다.

발을 계단 위로 올려놓자 가슴 설레게 하는 놀라운 광경의 전조가 느껴진다. 한 계단 한 계단 오르면 단정하고 씩씩한 도리아식 기둥 Stoa들이 조금씩 키가 자라듯 나타난다. 마침내 시야가 계단의 옆 벽면

린도스의 아크로폴리스. 가장 높은 곳에 자리 잡은 아테나 여신의 신전.

을 벗어나는 순간, 탁 트인 넓은 공간과 함께 기원전 3세기에 만들어진 구조물이 양쪽으로 쫙 펼쳐진다. 지금은 18개의 기둥만 남아 있지만, 기둥들 위로 지붕이 얹어져 전형적인 그리스식 주랑이 'ㄷ'자 모양을 이루고 있었음이 또렷하다. 계단 아래와는 달리, 이곳에서는 성벽 너머로 푸른 바다가 보인다. 바다의 일부는 햇빛을 반사하며 파닥거리는 물고기의 은빛 비늘처럼 빠른 속도로 움직인다. 눈에 보이는 은빛 편린들의 움직임은 소리로 바뀌어 귀에 들리는 듯하다. 푸르른 하늘과 바다가 서로 맞물려 있는 풍경을 바라보고 있으면 '아!' 하고 감탄이 절로 나온다.

　　주랑을 통과하면 더 높은 곳을 향하는 더 넓은 계단이 다시 나온다. 그곳을 오르면 기원전 4세기에 세워진 정문Propylaea에 이른다. 마치 천상의 공간으로 들어가는 지상의 마지막 관문과도 같다. 성벽 아래쪽 평지의 마을에서 이곳까지 이어져온 상승의 정점에 드디어 아테나 여신의 신전이 모습을 드러낸다. 규모는 소박하나, 당당하다. 현대에서 중세를 거쳐 마침내 만난 고대의 위풍이 아크로폴리스의 가장 높은 곳에서 넓은 지중해를 향해 천하를 호령하는 듯하다. 그런데 태양의 신 헬리오스의 섬 로도스, 그것도 린도스에 왜 아테나 여신의 신전이 있는 것일까?

아테나와 제우스의 축복의 땅, 린도스

신화에 따르면, 린도스는 아테나 여신을 위한 최초의 성소다. 그녀가 태어났을 때 린도스의 일곱 남자가 그녀에게 가장 먼저 제사를 지냈기 때문이다. 사연은 이렇다. 언젠가 제우스는 극심한 두통에 시달렸다. 그가 사랑하던 메티스 여신을 삼켰는데, 그녀가 임신한 아이가 그의 머릿속에서 무럭무럭 자라난 탓이다. 고통에 시달리는 부친을 보다 못한 대장장이 신 헤파이스토스가 날카로운 도끼로 제우스의 머리를 내리쳤다. 제우스의 머리를 내리친 이는 헤파이스토스가 아니라 프로메테우스라는 전설도 있다. 어쨌든 쪼개진 머리 틈 사이로 아테나 여신이 솟구쳐 나왔다. 탄생의 울음이 얼마나 컸던지, 온 세상이 쩌렁쩌렁 울렸다. 하늘의 신 우라노스와 땅의 여신 가이아조차 벌벌 떨었다니, 한낱 인간들이야 오죽했겠는가.

그때 린도스의 일곱 명의 남자가 아테나 여신을 위한 제단을 쌓고 희생 제물을 바쳤다. 그들은 헬리오스와 로도스 여신 사이에 태어난 아들들이었다. 울음을 그친 아테나 여신은 기뻐하며 그들에게 뛰어난 솜씨와 지혜를 선물했다. 한편, 산고의 고통에서 해방된 제우스 역시 아테나의 탄생을 기뻐하면서 로도스섬 전체에 황금 소낙비를 뿌렸다. 로도스가 풍요롭고 지혜로운 도시가 된 까닭이다. 그 후로 이들의 제사는 온 그리스인들이 함께 즐기는 '범그리스 축제Panhellenic festival'가 되었다. 아테나 여신을 수호신으로 섬기는 아테네에도 그녀를 위한 큰 축제가 열렸는데, 사람들은 이를 '땅 위의 아테나 축제'라고 불렀던 반면, 린도스를 중심으로 열린 로도스섬의 축제는 '바다 위의 아테나 축제'라고 했다.

로도스와 헬리오스의 일곱 아들 가운데 섬을 다스리게 된 이는 케르카포스였다. 그에게는 세 명의 아들이 있었다. 이알뤼소스와 카메이로스, 그리고 린도스다. 이들이 로도스섬을 나누어 다스렸는데, 린도스가 다스린 곳이 '린도스'라 불렸다. 나머지 두 아들도 린도스처럼 자신들의 이름을 도시에 그대로 남겼다.

지금은 로도스가 섬의 중심 도시지만, 옛날에는 린도스가 그 역할을 했다. 린도스의 아크로폴리스에 아테나 신전을 세운 사람은 기원전 6세기께 린도스의 참주였던 클레오불로스라고 한다. 그는 아테네의 정치가 솔론과 밀레토스의 철학자 탈레스 등과 함께 고대 그리스의 일곱 현인 가운데 하나다. "싸움을 했다면, 협상을 준비하라" "중용이 최선이다"라는 말을 남겼다. 린도스 사람들은 그를 존경했고, 그는 린도스를 사랑했던 모양이다. 신전 터에서 훤히 보이는 린도스의 북쪽 곳에 그의 조각상과 무덤이 있다. 그는 죽어서도 영원히 이곳을 바라보고 싶었고, 사람들은 그를 영원히 린도스에 두고 싶었던 것이다.

알렉산드로스 대왕은 페르시아 원정 중에 로도스섬에 들렀다.

신전 터에서 린도스곶을 내려다보면 멀리 클레오불로스의 무덤(봉분)이 보인다.

그는 아크로폴리스에 올라 아테나 여신에게 제사를 올렸다고 한다. 그가 원정 내내 승승장구할 수 있었던 것은 아테나 여신의 가호 때문이라는 소문이 돌자, 그의 후계자들도 이곳을 줄줄이 방문했다고 한다. 아닌 게 아니라, 이곳에 서서 아래를 내려다보고 있노라면 세상을 다얻은 것만 같은 충만함이 느껴진다. 파란 하늘, 푸른 바다, 황금 소나기같은 햇빛, 살아 있는 한 잊을 수 없는 광경이다.

일곱 현인을 찾아가는 그리스 답사는 어떨까?

클레오볼로스 이야기가 나왔으니, 여기서 잠깐 그리스의 일곱 현인들에 관한 이야기를 해보자. 우리가 지나왔던 에페소스 아래에는 밀레토

클레오볼로스 조각상. 뒤로 린도스 아크로폴리스가 보인다. 위키피디아.

스라는 도시가 있다. 한 청년이 어부에게 돈을 주고 그물로 끌어올리는 물고기를 모두 얻기로 했다. 어부가 그물을 끌어올리자 물고기와 함께 값진 세발솥이 나왔다. 세발솥은 누구의 것일까? 청년은 돈을 지불했으니 세발솥도 자기 것이라고 주장했다. 반면 어부는 물고기는 청년의 것이겠지만 세발솥은 자기 것이라고 반박했다. 두 사람의 논쟁이 계속되자 밀레토스 사람들은 델피에 있는 아폴론 신전에서 신탁을 구했다. 모든 이들 가운데 가장 지혜로운 자, 그가 세발솥의 주인이라는 답이 나왔다. 그런데 당시 그리스에서 누가 가장 지혜로운 사람이었을까?

밀레토스 사람들은 모두 탈레스라고 입을 모았다. 탈레스는 기하학과 천문학에 능통했고 기원전 585년 5월 28일에 일식이 있을 것을 예측하여 사람들을 놀라게 했고, 기후와 올리브 수확량을 예측해 장사에 활용하여 막대한 돈을 벌었다고 하니, 사람들이 그를 지목했던 것 같다. 하지만 탈레스는 "나는 이것을 받을 자격이 없소"라며 거절하고 대신 다른 사람을 추천했다. 사람들은 세발솥을 가지고 탈레스가 지목한 사람을 찾아갔지만, 그도 역시 자신은 세발솥의 주인이 아니라며 다른 이에게 물렸다. 세발솥은 과연 주인을 찾았을까? 그렇게 주인을 찾아 떠돌던 세발솥은 결국 다시 탈레스에게 되돌아왔다. 탈레스는 고심 끝에 그 세발솥을 아폴론 신전에 바쳤다고 한다.

그 세발솥을 받았다가 물린 사람이 모두 일곱 명이었다. 그래서 사람들은 그들을 '일곱 현인Sophos'이라고 불렀다. 탈레스가 지목한 현인은 뮈틸레네의 피타코스였다. 그는 귀족들의 권세를 누르고 민중의 지지를 받아 민주적인 정치를 펼친 정치가였다. 세 번째는 기원전 6세기에 프리에네의 법을 제정한 정치가 비아스였고, 네 번째가 바로 린도스의 통치자 클레오볼로스였다. 클레오볼로스는 "나도 세발솥의 주인은 아니오"라고 정중하게 거절하면서 크레타섬의 한 도시에 사는 뮈손을 지목했다. 그는 참주의 아들이었지만 아버지와는 달리 농부로 지내면서 정치와 거리를 뒀다. 역설적이게도 그의 비정치적 행위가 훌륭한 정치적 모범이 되었다고 한다. 그래서 그런지 그는 '세상에서 가장 분별력이 있는 사람'이라는 찬사를 받았다. 여섯 번째는 스파르타의 킬론인데, 왕을 보좌하면서 동시에 독재를 견제하는 감독관이었다. 사실 그는 이 감독관 제도를 만든 장본인인데, 스스로 그 직에 올라 성실히 임무를 수행하면서 모범을 보인 것이다. 그는 또 스파르타를 중심으로 펠로폰네소스 동맹을 구성하는 탁월한 정치력과 외교력을 보였다. 사람들이 마지막 일곱 번째 현인으로 꼽은 사람은 솔론이었다. 그는 귀족 중심의 정치체제가 아테네 민주정으로 넘어갈 수 있는 초석을 닭은 정치가였는데, 아테네를 위한 법을 만들고 정치에 손을 떼고 아예 아테네를 떠났다. 어떤 사람들은 세발솥을 마지막으로 받은 사람은 탈레스가 아니라 솔론이었으며, 솔론이 세발솥을 델피에 있는 아폴론 신전에 보냈다고도 한다. 그리고 일곱 명의 현인 중에는 코린토스의 참주였던 페리안드로스가 꼽히기도 한다.

이들은 모두 '가장 지혜로운 사람에게' 선사되어야 할 세발솥을 사양했지만, 그들의 사양 자체가 그들이 진정 가장 지혜로운 자이며 세발솥을 받을 만한 자격이 있음을 보여주는 역설적인 증거이기도 했다. 그런데 그들의 지혜sophia는 그들의 면면에서 볼 수 있듯이, 인간의 삶에 유익하고 공동체의 안정과 번영을 추구하는 정치적인 것이었다. 최초로 세발솥을 받았던 탈레스는 만물의 근본 요소를 물이라고 주장했고, 그렇게 신화에서 벗어나 세상을 합리적으로 설명했다는 이유로 최초의 철학자라는 명예를 누리고 있지만, 그는 메디아와 뤼디아, 페르시아와 같은 거대한 왕국들의 틈바구니에서 작은 도시국가 밀레토스가 살아남을 수 있는 절묘한 외교적·정치적·군사적 생존 전략을 기획하고 제안했던 정치적 인재이기도 했다. 사실 그가 현인sophos이며 철학자philosophos라고 불리는 것은 그가 추상적이고 개념적인 '철학적' 사유를 했기 때문이라기보다는 오히려 공동체적 삶을 풍요롭게 하는 정치적 지혜sophia를 추구하고 실현했기 때문이 아닐까.

이번 문명 답사의 여정은 이들 현인들의 고장 몇 곳을 들르도록 짜여 있었다. 우리 일행은 크루즈로 이동하는 동안 배 안의 세미나실을 대여하여 틈틈이 공부했다. 여러 번의 강의 가운데 하나는 바로 이 일곱 현인에 관한 이야기였다. 일행 중 한 명은 이들의 고향을 찾는 여

고대 그리스에 살았던 '일곱 현인' 탈레스, 피타코스, 비아스, 클레오불로스,
뮈손, 킬론, 솔론. 어떤 이들은 페리안드로스를 꼽기도 한다.

행도 흥미롭겠다는 제안을 했다. 아닌 게 아니라 그리스는 철학의 고향이기도 하다. 독일의 철학자 하이데거는 '철학'이라는 말이 본래 그리스어 필로소피아에서 왔으니, 그리스가 철학의 고향이라고 말한다. 그에 걸맞게 그리스 곳곳에서 철학자들이 나왔다. 철학자들의 고향과 그들의 삶의 여정을 추려내 답사하는 것도 좋겠다 싶었다. 철학자들이 어떤 하늘 아래, 어느 땅 위에서 무엇을 보며 철학을 했을까를 생각하기에 그보다 더 좋은 기회는 없으리라.

13

제우스의 고향에서
유럽 문명이 시작되다

::::: 크레타 :::::

크레타로 가는 뱃길

로도스에서 출발한 크루즈는 밤새 '바다를 쟁기질하며' 크레타로 향했
다. 이 항로는 오래전부터 지중해 동부 지역 사람들이 애용하던 것이
었다. 특히 페니키아인들이 지중해를 통해 유럽 대륙으로 나아갈 때,
소아시아 해안을 따라가다 로도스를 거점으로 삼아, 마치 징검다리를
건너듯 여러 섬들을 거쳐 크레타로 갔다. 기독교를 전파하던 바울이
이스라엘을 출발하여 네로 황제 앞에서 재판을 받기 위해 로마로 이송
될 때도 비슷한 경로를 밟았다. 로도스에서 크레타로 가는 길, 갑판에
올라 그를 떠올려보았다.

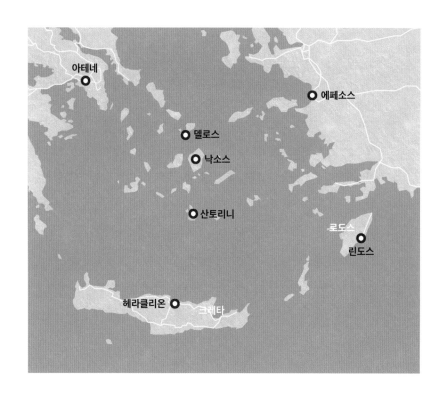

바울이 로도스 인근 바다를 지나 크레타로 배를 타고 갔을 때는 항해하기 좋지 않은 겨울철로 접어들고 있던 시점이었다. 항해는 위험한 일이었지만, 그를 이송하던 로마의 책임자와 선주는 무모한 출항을 결정했다. 그는 결국 크레타를 떠나 로마로 가는 도중에 폭풍을 만나 죽을 뻔했다. 간신히 살아난 그는 몰타섬으로 헤엄쳐 갔고, 그곳에서 석 달을 보내야 했다. 바다가 잔잔해졌을 때, 비로소 그를 실은 배는 로마로 갔다. 재판까지는 시간이 있었다. 그는 그 틈을 이용하여 로마에서도 그리스도교를 전파하였고, 마침내 네로 앞에서 재판을 받고 처형당했다. 로마의 대화재가 발생했을 때, 네로는 자신에게 쏟아지는 비난과 혐의를 피하기 위해 그리스도교도들을 범인으로 몰아갔고, 그 서슬

크레타

에 바울이 사형 선고를 받고 처형되었다고 한다. 전설에 따르면 처형은 참수로 이루어졌다. 잘린 바울의 머리는 땅에 떨어지면서 세 번이나 통통 튀었는데, 그의 머리가 닿은 곳에서 세 개의 샘이 솟아났다고 한다.

페니키아에서 크레타로 가는 항로는 그리스 신화에서도 나타난다. 페니키아 지역 튀로스에는 '크고Euro-' 아름다운 '눈ōpē'의 에우로페 공주가 살고 있었다. 그녀에게 매료된 제우스는 희고 매끈한 황소로 변해 그녀에게 다가갔다. 에우로페 공주는 겁을 잊은 채 홀린 듯 황소 등에 올라탔다. 황소는 곧바로 바다로 뛰어들었고 헤엄쳐 크레타에 도착했다. 마침 내가 하얀 크루즈를 타고 있던 까닭에 에우로페의 기분까지도 상상할 수 있었다. 그녀가 정착한 크레타에서 미노아 문명이 꽃피어 유럽 문명의 시원이 되었으니, '유럽Europe'이 '에우로페Eurōpē'에서 비롯된 것은 자연스럽다. 미노아 문명이라는 이름도 그녀가 크레타에서 낳은 세 아들 가운데 하나인 미노스에서 따온 것이다. 문명을 이루는 가장 중요한 것이 문자라고 할 수 있는데, 그리스에 알파벳을 전해준 이가 바로 페니키아의 공주였던 에우로페였다고 한다. 그녀가 먼저 크레타 사람들에게 문자를 전해주었고, 그 문자가 그리스 본토까지 전해져 그리스 알파벳이 탄생했다는 것이다.

말이 나온 김에 페니키아인들에 관해 조금 덧붙이자면, 그들은 배를 타고 이집트와 멀리 지중해 서쪽까지 진출하여 경제적·군사적 세력을 확장했는데, 이 과정에서 그리스와의 교역도 활발했다. 역사의 아버지라 불리는 헤로도토스는 페니키아인들이 그리스의 아르고스에 배를 대고 장사하다가 그곳에 나와 있던 이오 공주를 납치해서 이집트로 달아났다고 한다. 그런데 이오는 그리스 신화에서는 이나코스라

엔리케 시모네트의 작품 〈성바울의 참수〉(1887년),
말라가 대성당 소장. 위키피디아.

램브란트 판 레인의 작품 〈에우로페의 납치〉(1632년),
폴 케티 미술관 소장. 위키피디아.

는 강의 신의 딸로 나온다. 이오가 이집트까지 가게 된 것도 신화적으로 설명된다. 역시 제우스가 문제였다. 이오를 보고 반한 제우스가 구름 뭉치 안에서 이오와 사랑을 나누다가 헤라에게 딱 걸렸다. 제우스는 불륜의 범행을 은폐하기 위해 이오를 암소로 만들었다. 암소의 모습으로 떠돌던 이오가 이집트에 정착하였을 때, 비로소 암소의 모습을 벗고 원래의 모습을 되찾았다고 한다. 그런데 제우스가 납치했던 에우로페는 이오의 고손녀였다니, 제우스 이자, 참 망측하다.

　다시 헤로도토스로 돌아와 보자. 그는 페니키아인들이 이오를 납치하자, 이에 대한 보복으로 그리스인들은 에우로페를 납치한 것이라는 이야기도 전해준다. 이 모두가 페르시아 학자가 한 이야기라고 하는데, 이와 같이 서방의 그리스와 동방의 소아시아 사이에 벌어진 여인 납치 쟁탈전은 그 후로도 계속되었다고 한다. 그리스인 이아손이 황금 양털을 찾겠다고 다시 흑해 동쪽 콜키스로 가서 메데이아 공주를 납치하자, 그에 대한 보복이라는 듯이 트로이아의 왕자는 스파르타로 가서 헬레네를 납치했다. 여기까지는 동방과 서방 사이에 벌어진 여인 납치 쟁탈전의 양상을 띠었지만, 그다음 그리스인들이 실행한 보복이 과도했다. 헬레네를 빼앗긴 스파르타의 왕 메넬라오스는 형인 아가멤논과 함께 그리스 연합군을 결성하여 트로이아를 공격, 트로이아 전쟁을 일으켰기 때문이다. 여인 빼앗기 쟁탈전이 전면적인 전쟁으로 비화된 것이다. 이 전쟁에서 패한 동방의 소아시아 사람들이 훗날 페르시아제국을 이루었을 때, 그리스를 침략하여 페르시아 전쟁을 일으켰던 것은 트로이아 전쟁에 대한 보복이었다. 그리고 다시 알렉산드로스는 페르시아를 침으로써 동방과 서방의 치고받는 난타전을 이어나갔던 것이다.

새벽에 잠이 깼다. 자고 있는 사이 배는 크레타에 도착했다. 창밖엔 어둑함과 여명이 묘하게 뒤섞여 있었다. 서둘러 갑판으로 나갔다. 부둣가에 우뚝 솟은 기중기들 너머 동쪽 수평선에 해돋이가 시작되었다. 바다의 표면장력을 뚫고, 마치 알이 나오는 것처럼 태양이 힘차게 솟아오르고 있었다. 바다가 해를 토해내는 장관이 크레타와 얽힌 또 하나의 신화와 잘 어울렸다. 그리스에서 만나는 풍경 하나하나에 흥미로운 이야기가 깃들어 있고, 그것을 떠올리는 것은 그리스 여행의 색다른 묘미다. 거꾸로 생각해보면, 이런 놀라운 풍경들이 먼 옛날 그리스인들의 상상력을 자극하여 이야기를 만들어냈던 것이다.

시간의 신으로 알려진 크로노스는 자식이 태어날 때마다 꿀떡꿀떡 집어삼켰다. 자식들이 두려웠던 탓이다. 그는 자기 아버지인 하늘의 신 우라노스를 거세하고 권력을 차지했는데, 거세당한 채 쫓겨나던 우라노스는 크로노스에게 저주를 퍼부었다. "너도 나처럼 너의 자식에게 쫓겨날 것이다." 크로노스는 왕좌에 올랐지만, 내내 아버지의 저주를 잊을 수가 없었다. 아이가 태어날 때마다, '저것이 커서 나를 쫓아내겠구나!' 생각하면 도저히 부정의 애틋함을 느낄 수 없었던 것이다.

아이를 낳을 때마다 남편이 집어삼키는 꼴에 아내였던 레아는 단단히 화가 났다. 여섯 번째 아이가 태어나자 돌덩이를 강보에 싸서 내놓았다. 초조한 크로노스는 허겁지겁 집어삼켰다. 레아는 빼돌린 아이를 크레타의 아이가이온산의 동굴 속에 숨겼다. 그 아이가 바로 제우스였다. 그리스 신화에서 크레타는 제우스를 키워낸 요람이었다. 제우스가 에우로페를 납치해서 크레타로 데려간 것도 다 이런 이유가 있었던 것이리라.

장성한 제우스에게 결단의 시간이 다가왔다. 출생의 비밀을 알게 된 제우스는 세상을 폭력적으로 지배하는 아버지와 한판 대결을 벌일 것인지, 아니면 아버지의 난폭한 손길을 피해서 계속 숨어 지내야 할지를 결정해야만 했다. 제우스의 고민은 심각했을 것 같다. 권력을 위해서라면 자식도 집어삼키는 아버지는 막강했기 때문이다. 아버지에게 도전했다 자칫 실패한다면 두말할 것도 없이 곧바로 아버지에게 삼켜질 것이다. 아니, 그 이상의 가혹한 징벌을 당할지도 모를 일이었다. 생각만 해도 끔찍하게 두려운 일이었다.

그러나 제우스는 두려움을 이겨내고 일어섰다. 용기를 내서 도전하는 자만이 새로운 세상을 만들 수 있는 법이다. 그는 아버지를 찾아가 구토의 효력을 가진 신비의 약을 먹였다. 크로노스는 삼킨 모든 것들을 토해냈다. 가장 먼저 나온 것은 제우스 대신 삼켜진 돌덩이였고, 그다음으로 다섯 명의 아이들이 모두 나왔다. 제우스는 그들과 힘을 합쳐 아버지와 싸웠다. 10년 동안 지속된 지난한 전쟁에서 마침내 제우스는 아버지와 삼촌들의 세력을 몰아내고 당당히 우주를 다스리는 권좌에 올랐다. 크로노스에게 던졌던 우라노스의 저주가 실현된 것이다. 제우스는 자기 대신 집어삼켜졌던 돌덩이를 생명의 은인이라 여겨 세상 한가운데 놓았다. 앞서 이야기했듯이, 세상의 '배꼽'이라는 뜻의 옴팔로스 돌덩이가 놓인 곳은 아폴론 신전이 있는 델피였다. 크레타 해안가에서 해가 바다를 뚫고 솟아나는 장면을 보면서 크로노스의 뱃속에 갇혀 있던 제우스의 형제자매들이 토해져 나온 이야기를 떠올린 것은 내겐 너무 자연스러운 일이었다. 그렇게 일출을 한동안 바라보고 있었다.

미노스의 궁전, 라비린토스

크레타섬의 북쪽 중앙에 헤라클리온이 있다. '헤라클레스의 도시'라는 뜻인데, 크레타의 수도며 그리스에서 네 번째로 큰 도시로 꼽힌다. 이곳에 우리 일행을 태운 크루즈가 정박했다. 차로 15분 정도 섬의 안쪽으로 들어가면 크노소스 궁전이 있다. 영국의 고고학자 아서 에반스(1851~1941년)가 이곳을 발굴한 뒤, 미노아 문명을 세운 미노스 왕의 궁전이라고 확신했다. 그런데 에반스는 발굴 현장에 뒤늦게 참가하여 숟가락만 얹은 것 같다. 미노스 칼로카이리노스(1843~1907년)라는 크레타 출신의 사업가가 먼저 발굴에 착수했기 때문이다. 크노소스 궁전 터가 그 집안의 소유였다. 그의 발굴 소식이 전해지자 뮈케네와 트로이아를 발굴했던 하인리히 슐리만을 비롯해서 여러 고고학자들이 탐을 냈으나, 최종적으로 이곳 발굴에 합류한 이는 에반스였다. 그가 크노소스 궁전을 미노스의 궁전이라고 부른 것은 전설의 미노스가 그곳의 주인이라는 신화적 확신 때문이기도 하지만, 실제로 그곳이 당시에는 미노스 칼로카이리노스의 땅이었기 때문이기도 하다. 그래서 그런지 궁전 입구에는 칼로카이리노스의 동상이 세워져 있다.

　　그 동상으로부터 몇 걸음 옮기면 발굴을 '완성한(?)' 에반스의 동

크레타섬의 대표 유적인 크노소스 궁전.

상이 보인다. 그의 거침없는 삽질에 드러난 궁전은 아주 복잡하게 얽히고설킨 모양새였다. 그는 크노소스 궁전이 미노타우로스가 갇혔던 미로의 궁전 '라비린토스'라고 주장했다. 어렸을 적에 읽었던 그리스 신화에 너무도 강렬하게 사로잡혔던 모양이다. 그는 자갈과 시멘트를 이용해 발굴의 여백을 열심히 채워 넣었고, 심지어 퇴색한 유적들에 짙은 색깔을 입히는, 그야말로 고고학적 '만행'을 저질렀다. 라비린토스를 건설했다는 전설의 건축가 다이달로스가 되고 싶었던 것일까.

미노타우로스와 테세우스의 신화

미노타우로스는 미노스의 아내 파시파에가 낳은 괴물이었는데 '미노스의 황소'라는 뜻이었다. 그놈의 탄생은 크레타에 내린 포세이돈의 재앙이었다. 그게 다 미노스 탓이었다. 그는 크레타의 왕이 되면 포세이돈에게 받은 황소를 제물로 다시 바치겠다고 약속했지만, 정작 왕좌에 오른 뒤에는 황소가 탐이나 빼돌리고 다른 소를 제물로 바쳤다. 화가 난 포세이돈은 파시파에가 문제의 황소와 사랑에 빠지게 만들었다. 몸이 달아오른 그녀를 위해 다이달로스는 감쪽같은 암소 모형을 만들어 파시파에가 그 속에 들어가 있게 했다. 가짜 암소를 본 황소가 코를 벌름거리며 달려들었다. 그 묘한 짝지기의 결과로 얼굴은 황소면서 몸은 인간인 미노타우로스가 태어났다.

미노스에게 아내가 낳은 반인반수半人半獸 괴물은 골칫거리였다. 난폭하기 그지없고 소란을 피우면서 사람까지 잡아먹었기 때문이다. 미노스는 다이달로스에게 괴물을 안전하게 가둘 수 있는 궁전을 만들라고 명령했다. 솜씨 좋은 건축가는 누구든 한번 들어가면 나올 수 없을 만큼 복잡한 미로의 궁전 라비린토스를 건설했고 그곳에 미노타우로스를 가두어놓았다. 배고플 때마다 울부짖는 야수를 달래기 위해 수시로 사람을 집어넣어야 했다. 당시 에게해 전역에 위세를 떨쳤던 미노스는 아테네와의 전쟁에서 승리를 거둔 후, 9년(일부 기록에는 매년)마다 처녀 일곱과 총각 일곱을 조공으로 바치라고 요구했다. 미노타우로스의 배를 채우기 위해서였다.

당시 아테네의 왕자였던 테세우스는 조국의 젊은이들이 죽어가는 것을 보고만 있을 수 없었다. 크레타로 가서 미노타우로스를 없애 버리기로 결심하고 조공의 일원이 되길 자원했다. 크레타에 도착한 그의 일행은 미로의 궁전에 던져졌다. 죽음을 두려워하지 않고 조국의 청년들을 구하려는 테세우스의 용기는 헛되지 않았다. 무시무시한 몸집의 난폭한 괴수와 맞서 당당히 승리를 거두었다. 그러나 어떻게 그 미로에서 나올 수 있느냐는 문제가 남아 있었다. 여전히 근심과 걱정에 휩싸여 있던 다른 젊은이들과는 달리 테세우스의 표정엔 여유가 있었다. 그에게는 탈출의 길을 안내할 실타래가 있었기 때문이다. 그것은 그가 라비린토스로 던져지기 직전에 미노스의 딸 아리아드네 공주가 건네준 것이었다. 그는 입구에서부터 풀어놓았던 실타래를 되감으면서 미로를 무사히 빠져나올 수 있었다. 원래의 약속대로 그는 아리아드네 공주를 아내로 맞이하기로 하고 그녀와 함께 아테네로 돌아가는 배에 몸을 실었다.

다시 헤라클리온으로 돌아온 우리 일행은 고고학 박물관을 둘러보았다. 감탄이 절로 나왔다. 이집트 미술의 느낌이 나면서도 그와는 다르고, 그리스의 미학적 감각과도 구별되는 독특한 매력이 있었다. 도기들의 윤곽선을 그려낸 곡선은 꿀이 흘러내리는 듯 부드럽고 우아했고, 인위적인 균형과 정형성을 깨면서 자유롭게 마감되어 있었다. 미노스 문명의 풍요와 여유가 그대로 구현된 듯했다. 도기들의 표면에 그려진 문양도 특이했다. 어떤 것은 마치 아프리카 원주민들의 가면이나 몸에 그려 넣은 무늬와 유사했고, 둥근 도기에 그려진 춤추는 듯한 문어의 모습은 유연하고 발랄하며 경쾌했다. 모양이나 문양의 디자인이 현대적이라는 느낌도 주었다. "야, 이거, 그대로 만들어 팔아도 잘

미노스 문명의 풍요와 여유가 구현된 듯한 도기들.

크노소스 궁전의 벽에 그려져 있던 프레스코 벽화.

팔리겠는걸!"일행의 탄성이 조금도 과장이 아니었다. 정교하게 새겨진 금 세공품들도 수작이었다. 그 먼 옛날, 어떻게 이렇게 뛰어난 미학적 기교를 부릴 수 있었을까, 신기했다. 크노소스 궁전의 벽에 모조품으로 걸려 있던 실제 프레스코 벽화도 직접 보니 그 탁월성을 훨씬 더 실감할 수 있었다. 황소 위에서 물구나무서며 묘기를 부리는 남성의 모습은 압권이었다. 너무 빨리 스치듯 보고 떠나야 한다는 것이 너무나 안타까웠다.

《그리스인 조르바》의 작가 니코스 카잔차키스(1883~1957년)의 무덤을 가보지 못한 것은 몹시 아쉬운 일이었지만, 그 시간만큼을 박물관에 더 머무는 것도 그에 못지않은 좋은 선택이었다. 미노아 문명에 대한 깊은 감동을 안고 크레타를 떠나 아테네로 향하는 크루즈에 올랐다. 마치 그 옛날 테세우스가 미노타우로스를 물리치고 동료들을 데리고 금의환향하는 것처럼. 선상에서 만찬을 즐기는 동안 낙조가 바다와 하늘을 붉게 물들이고 있었다.

14

크레타에서
아테네로 가는 길에서

:::::: 산토리니 ::::::

소크라테스를 생각하며

크레타를 한나절 머물고 떠나려니 도무지 발걸음이 떨어지질 않았다. 나중에 꼭 다시 오리라, 좀 더 길게 머물리라, 다짐하면서 아쉬운 마음을 달래야 했다. 지금 코로나19 팬데믹 상황이 되고 보니 안타까움이 더 커진다. 간신히 크루즈에 올라 아테네로 향한다. 바다를 가르며 나아가는 배 위에서 한참을 뒤돌아보았다. 크레타가 시야에서 사라질 즈음, 배의 이물 쪽으로 가서 맞바람을 맞으며 눈을 감았다. 따뜻한 햇볕에 눈꺼풀이 따뜻해졌고 붉게 달아올라 눈을 감아도 어둡지 않았다. 이제 아테네로 가는구나 생각하니 불현 듯 두 사람이 떠올랐다. 첫 번째는 아테네의 영웅 테세우스였고, 두 번째는 '테스 형님' 철학자 소크라테스였다. 두 인물이 각인된 장면은 우연치 않게 긴밀하게 연결되어 있다.

기원전 399년, 소크라테스는 두 가지 죄목으로 법정에 섰다. 첫째, 아테네가 전통적으로 섬기는 신을 무시한 불경죄, 그리고 듣도 보도 못한 새로운 신을 설파한다는 종교적 이단 시비에 걸렸다. 둘째, 그렇게 떠들고 다니면서 청년들을 타락시킨다는 풍기문란의 죄가 덧붙었다. 멜레토스가 그 고발의 주역이었다. 소크라테스는 두 번의 변론을 했지만, 판결의 책임을 맡은 청중을 설득하는 데 실패하고 말았다. 유무죄를 따지는 판에서는 아슬아슬했지만, 어쨌든 유죄를 받고 형량을 정하는 판에서 소크라테스는 엉뚱하게도 벌 대신 상을 받아야 마땅하다고 주장하는 바람에 청중의 노여움을 샀다. 압도적인 표 차이로 사형 선고가 떨어졌다. 그런데 그의 사형 집행은 곧바로 이루어지지 않았다. 상당 기간 동안 미루어졌는데, 그것이 다 테세우스 덕택이었다.

앞서 이야기했듯이, 크레타의 왕 미노스는 아테네의 아이게우스 왕에게 조공을 강요했다. 처녀 일곱, 총각 일곱을 바치라는 것이었다. 반인반우 살인마 미노타우로스의 허기를 채우기 위해서였다. 아테네의 왕자 테세우스는 분노했다. 조국의 젊은이들이 죽어가는데 가만히 앉아 있을 수만은 없었다. 노블레스 오블리주. 죽을 때 죽더라도 괴물을 때려잡겠다고 나섰다. 그를 실은 배는 도중에 델로스에 들렀다. 레토 여신이 제우스의 아이를 임신한 채로 헤라에게 쫓기다가, 그녀의 눈길을 피해 아르테미스와 아폴론 쌍둥이 남매를 낳은 신성한 곳이다. 테세우스는 아폴론 신에게 제사를 올리며 기원하고 맹세했다. 만일 미

자크 루이 다비드의 작품 〈소크라테스의 죽음〉(1787년).
메트로폴리탄 미술관 소장. 위키피디아.

노타우로스를 물리치고 무사히 크레타를 나와 다시 아테네로 돌아가
게 된다면, 매년 델로스로 사절을 보내 아폴론에게 감사의 제물을 드
리겠다는 것이었다.

아폴론이 테세우스의 간절한 기도에 응답한 것일까? 테세우스
는 크레타의 미궁에 들어가 미노타우로스를 보란 듯이 무찌르고 무사
히 아테네로 돌아왔다. 테세우스는 맹약을 잊지 않고 그 이듬해부터
델로스로 사절을 보냈다. 그 전통이 소크라테스의 시대까지 계속되었
다. 이 보은의 축제는 델로스로 가는 배의 고물에 아폴론 사제가 꽃을
장식하면서 시작되어, 출항한 배가 델로스에서 아폴론에게 제물을 바
치고 다시 아테네로 돌아오면 끝난다. 이 기간 동안 아테네에서는 도
시를 깨끗하게 하는 카타르시스, 즉 정화의 의례가 진행되었다. 특히

사형 집행은 철저히 금지되었다. 이 신성한 기간 동안 피로써 도시를 더럽힐 수 없다는 뜻이었다.

마침 소크라테스에 대한 재판이 열리기 전날, 테세우스를 기념하는 배가 델로스로 떠났다. 그런 까닭에 소크라테스는 사형 선고를 받고도 배가 돌아올 때까지 사형 집행의 유예를 받은 것이다. 테세우스가 소크라테스에게 삶을 좀 더 누릴 수 있도록 해준 셈이다. 이 기간 동안 소크라테스는 감옥을 찾아온 제자들, 친구들과 함께 많은 대화를 나눌 수 있었다. 내가 탄 배가 델로스에서 출발하는 것은 아니지만, 아테네로 가는 길 가까이에 델로스가 있으니, 그때 그 배를 탄 것 같아서 마음이 짠해졌다. 이 배가 아테네에 도착하는 순간, 소크라테스의 사형이 집행된다는 상상을 한 탓이다.

테세우스를 생각하며

그 옛날 테세우스가 아테네로 돌아가면서, 자신의 맹세 때문에 생긴 축제로 인해 멋 훗날 아테네를 대표하는 철학자가 지인들과 마지막 회포를 풀 수 있는 며칠 동안의 시간을 갖게 될 것이라는 생각은 전혀 못했을 것이다. 뭔가를 한가롭게 생각할 수 없을 만큼 그는 매우 조급했다. 미노타우로스를 물리치고 아테네의 젊은이들과 함께 크레타를 떠난 것은 문제가 아니었지만, 다른 동행이 있다는 것은 큰 문제였다. 미노스의 딸 아리아드네 공주 말이다. 그녀는 테세우스가 미노타우로스를 물리치고 미궁에서 다시 나올 수 있도록 도와주면서 한 가지 요구를 했다. 아테네로 자신을 데려가 아내로 삼아달라는 것이었다. 그래서 그녀와 함께 배를 탔으니, 이 사실이 알려지면 미노스가 추격할 것이 뻔했다. 그래서 안절부절못했고 서두를 수밖에 없었다.

테세우스 일행은 낙소스섬에 들러 하루를 묵었다. 그 섬은 아테네와 크레타의 거의 중간에 있었고, 델로스에서는 남쪽으로 약 50킬로미터 정도 떨어진 곳이다. 아침에 깨어난 아리아드네는 깜짝 놀랐다. 테세우스가 자신을 버리고 떠난 것이다. 아리아드네로선 견디기 힘든 배신이었다. 테세우스는 왜 아리아드네를 버렸을까? 그녀가 자신을 도와주긴 했지만, 그녀는 조국을 괴롭힌 적국의 공주다. 그녀를 아테네로 데려간다면 사람들이 뭐라 그럴까? 특히 그 이전에 미노스 왕 때문에 자식을 잃은 사람들이라면, 아리아드네를 데려온 테세우스를 탐탐치 않게 여길 것이 분명했다. 어쩌면 그런 이유로 테세우스가 아리아드네를 버렸을지 모른다. 애초에 테세우스는 자신에게 반한 아리아드네에게 조금의 애정도 없었던 것이다.

다른 이야기도 전해진다. 테세우스가 낙소스섬에 왔을 때, 디오뉘소스는 아리아드네를 보고 천생연분 배필이라고 믿었다. 그는 테세우스의 꿈에 들어가 아리아드네를 남겨두고 조용히 떠나라고 명령했다. 테세우스는 신의 명령을 거역할 수가 없었다. 아리아드네가 깨어났을 때, 테세우스 일행이 몰래 떠난 것을 알고 슬픔과 충격에 빠져 있었다. 그때 디오뉘소스가 나타나 그녀를 아내로 맞이했다. 아리아드네는 디오뉘소스에게 자식을 낳아주며 평생 충실했고, 디오뉘소스도 그녀를 아꼈다. 나중에 아리아드네가 죽었을 때, 디오뉘소스는 하데스로 내려가 그녀와 자신의 어머니 세멜레를 함께 데리고 나와 올림포스 궁전으로 올라갔다. 부활 승천한 아리아드네는 디오뉘소스의 사랑 때문에 불멸의 여신으로 거듭난 것이다.

테세우스 음모론

한편, 미노스 왕을 따돌리고 허겁지겁 크레타를 떠난 테세우스는 낙소스섬에 아리아드네를 버리고 정신없이 도망치느라 그만 아버지와 했던 중요한 약속을 깜빡 잊고 말았다. 아테네를 떠날 때는 검은 돛을 올렸지만, 괴물을 처치하고 돌아올 때는 반드시 하얀 돛으로 바꾸라고 했는데, 그 약속을 까먹은 것이다.

멀리서 테세우스의 배를 보던 그의 아버지 아이게우스는 검은 돛을 보고는 아들이 죽었다며 절망했다. 슬픔을 주체하지 못한 그는 바다에 몸을 던졌다. 그 이후로 이 바다를 '아이게우스의 바다', 즉 '에게해Aegean Sea'라 부른다. 발칸반도 남부의 그리스 본토와 터키의 아나톨리아반도, 그리고 크레타섬으로 둘러싸여 있고, 그 안에 400여 개가 넘는 섬들이 알알이 박힌 바다다. 나는 이 바다를 가로질러 아테네로 향하면서 테세우스가 된 상상을 했다. 아버지와 친구들, 시민들의 열렬한 환영을 머릿속에 그리며 벅찬 가슴에 심장이 쿵쾅거렸을 것이다. 그러나 그는 아버지의 죽음에 직면할 운명이었다.

그런데 이 애절하고 감동적인 이야기에는 의심 가는 부분이 적지 않다. 과연 테세우스가 그렇게 덤벙대는 사람이었을까? 검은 돛을 하얀 돛으로 바꾸지 않았던 것은 정말 극적인 부주의, 치명적인 망각 때문이었을까? 갑판 로비에 앉아 일행들과 점심 식사를 한 후, 시원한 맥주 한 잔을 들이키며 '테세우스 음모론'에 관해 이야기했다. 미심쩍은 것은 그의 아버지 아이게우스에 관해서도 있었다. 아들이 죽었다는 예감 때문에 끝까지 확인도 하지 않은 채, 그렇게 섣불리 자신의 몸을 바다에 던졌을까? 이와 같은 의심은 아이게우스와 테세우스 사이의 불화 내지는 갈등을 생각하면 자연스럽게 제기된다.

아테네의 왕이었던 아이게우스는 두 번이나 결혼했지만 대를 이을 아들이 없어 큰 고민이었다. 델피에 있는 아폴론 신전으로 가서 신탁을 구했다. "아테네로 돌아갈 때까지 포도주 부대의 마개를 따지 말라." 아이게우스는 신탁의 뜻을 물었지만, 퓌티아 여사제는 침묵했다. 해석은 전적으로 아이게우스의 몫이었다. 아이게우스는 절친이었던 트로이젠의 피테우스 왕을 찾아가 물었다. "이게 무슨 뜻인가?" "그런 건 신경 쓰지 말고, 오랜만에 만났으니 술이나 한잔하세."

피테우스와 아이게우스는 코가 삐뚤어지게 술을 마셨다. 다음 날 아침, 아이게우스는 자기 옆에 누운 피테우스의 딸 아이트라를 보고 깜짝 놀랐다. 피테우스 짓이었다. 그는 아이게우스의 신탁을 듣는 순간, 모든 것을 알아차렸다. 아이게우스가 아테네로 돌아가기 전에 바지 끈을 푼다면 아들을 갖게 될 것이라는 것을. 아이게우스는 여간 난처한 것이 아니었다. 그는 떠나야 했고, 아이트라를 아테네로 데려갈 수는 없었다. "미안하게 되었소. 나는 아테네로 돌아가야 하오. 만약 그대가 나중에 아들을 낳는다면, 내 샌들과 칼을 이 바위 아래 숨겨놓을 테니, 아이가 바위를 들어 올릴 수 있게 되면 나를 찾아오게 하시오." 그러곤 매정하게 떠났다.

그렇게 태어난 아이가 테세우스였다. 그가 어머니와 자신을 버리고 떠난 아버지 아이게우스를 어떻게 생각했을까? 바위를 들어 올릴 수 있을 만큼 장성한 테세우스는 아테네로 아이게우스를 찾아갔다가 뜻밖의 광경을 목격했다. 천하의 마녀 메데이아가 아이게우스의 새로운 아내가 되어 곁에 있고, 게다가 둘 사이에는 아들도 있었다. 메데이아는 테세우스의 정체를 알아보고 독살을 꾸몄다. 간신히 목숨을 구하고 사악한 모자를 내쫓았지만, 테세우스는 아버지 아이게우스를 전적으로 신뢰하지 않았을 것이다. 홀어머니 밑에서 자란 테세우스는 어려서부터 아버지가 궁금했는데, 그때마다 아이트라는 테세우스에게 포세이돈이 아버지라고 대답했다. 테세우스는 마음속으로 다짐했다.

'그래, 나는 아이게우스가 아니라 포세이돈의 아들이다.'

아이게우스는 어떤 마음이었을까? 샌들과 칼을 보고 20년 전 아이트라가 생각났겠지만, 갑자기 찾아온 아들에게 정말 애틋한 부정父情을 느꼈을까? 게다가 테세우스는 자신보다 백성들에게 더 사랑받고 있었다. 미노스 왕의 협박을 받았을 때, 그는 두려움에 사로잡혀 아테네의 젊은이들을 조공으로 보냈는데, 테세우스는 목숨을 걸고 괴물과 싸우겠다고 나섰으니 말이다. 만약에 괴물을 무찌르고 무사히 크레타에서 돌아온다면, 테세우스의 인기는 하늘을 찌를 듯 올라갈 것이다. 게다가 녀석의 눈빛이 뭔가 불신에 가득 차 있다! '어쩌면 이 녀석은 크레타에서 돌아오는 순간, 시민들의 인기를 등에 업고 나를 왕좌에서 밀어낼지도 모른다!' 두려움에 사로잡힌 아이게우스는 아들이 살아 돌아오는지를 체크할 필요가 있었다. "아들아, 네가 살아 돌아올 때까지 바닷가에서 너를 기다리겠다. 갈 때는 검은 돛을 올리지만, 살아 돌아온다면 하얀 돛을 올려라."

테세우스는 모든 것을 즉각 눈치챘다. 만약 돌아오는 길에 하얀 돛을 올린다면, 그것은 곧 죽음일 수 있다는 것을. 그래서 그는 검은 돛을 그대로 달고 아테네로 간 것이다. 아이게우스를 방심하게 만든 것이다. 바닷가 절벽 위에서 검은 돛을 보고 안도한 그의 뒤에는 테세우스가 보낸 청년들이 서 있었다. 그들은 자신들을 사지로 몰아넣은 아이게우스를 절벽 아래로 밀었다. 자신들과 함께 죽음의 항로에 합류하여 목숨을 걸고 괴물을 퇴치한 영웅을 위한 일이었다. 그들은 노회한 아이게우스를 대신해서 용감한 테세우스가 아테네의 새로운 왕이 되어야 마땅하다고 굳게 믿고 있었던 것이다. 그렇게 아이게우스의 시대가 저물고, 테세우스의 시대가 열린 것이다.

　물론 이것은 어디까지나 에게해를 항해하며 감격한 나의 상상력이 빚어낸 음모론일 뿐이다. 이를 뒷받침할 수 있는 문헌적 근거는 없으니 그냥 흘려버려도 좋다. 그러나 테세우스의 죽음을 생각해보면, 아이게우스의 죽음에 대한 음모론은 개연성이 있어 보인다. 사정은 이렇다. 아테네의 왕이 된 테세우스는 친구인 페이리토오스와 함께 제우스의 딸들과 결혼하기로 약속했다. 테세우스는 스파르타의 공주 헬레네를, 페이리토오스는 하데스의 부인이 된 페르세포네 여신을 선택했다. 둘은 먼저 열두 살 된 헬레네를 납치한 후, 페르세포네를 데려오기 위해 하데스로 내려갔다. 무모한 일이었다. 결국 둘은 하데스에게 잡혔다. 운 좋게 테세우스는 때마침 하데스로 내려온 헤라클레스의 도움으로 풀려났지만, 페이리토오스는 영영 하데스에 있는 망각의 의자에 묶이는 신세가 되었다. 간신히 아테네로 돌아온 테세우스는 반란을 획책한 메네스테우스에게 쫓겨났다. 테세우스는 스퀴로스섬으로 도주했지만, 그에게 위협을 느낀 뤼코메데스 왕은 테세우스를 절벽으로 유인해 바다로 밀어 떨어뜨렸다. 메네스테우스의 환심을 사려는 목적도 있었던 것 같다. 그렇게 해서 테세우스 역시, 아버지 아이게우스처럼 에게해에 빠져 죽은 것이다. 부자의 죽음이 비슷한 것이 우연이 아닌 것 같다고 느낀다면, 나의 '음모론'에 고개를 끄덕일 수 있을 것이다. 아닌 게 아니라 내 이야기를 듣던 일행들의 눈은 호기심에 반짝였고, 그럴듯하다며 감탄을 표했다. 그리고 우리는 짙은 포도주 잔을 부딪치며 이 바다에 몸을 던진, 혹은 몸이 던져진 아테네 비운의 왕 아이게우스를 애도했다.

하얗고 파란 산토리니

나의 여정엔 테세우스가 들렀던 낙소스나 델로스 대신 산토리니가 예정되어 있었다. 초승달 모양의 산토리니는 원래 둥근 섬이었다. 크레타에서 활짝 꽃피운 미노아 문명이 북쪽 그리스 본토를 향해 뻗어나가는 중요한 거점이었다. 그러나 기원전 1500년경에 화산 폭발이 일어나 섬이 반 토막 나버렸다. 풍요롭고 우아한 문명의 자태를 안고 가라앉은 섬은 잃어버린 아틀란티스의 전설이 되었다. 그때 생긴 쓰나미는 크레타를 강타했고, 미노스 왕과 미노타우로스의 전설이 서린 크노소스 궁전이 흙더미에 묻혔다. 이 한 방의 자연재해가 미노아 문명을 통째로 침몰시켰다고 말하면 너무 극단적인 것일까.

그 이후로 에게해의 주도권은 크레타에서 그리스 본토, 펠로폰네소스반도의 뮈케네 쪽으로 옮겨갔다. 미노아 문명의 뒤를 이어 뮈케네 문명이 등장한 것이다. 그리고 크레타에 조공을 바쳐야만 했던 아테네는 신화 속의 테세우스가 미노타우로스를 물리쳤듯이, 서서히 그 힘을 쌓아가며 에게해의 패권 국가로 성장해갔다.

아름다운 섬 산토리니는 그렇게 문명사적 상처를 안고 있다. 해안선을 따라 화산 폭발로 절단 난 섬의 단면이 그대로 드러나 있다. 그 위로 눈이 쌓이듯이 하얀 건물들이 길게 늘어서 있다. 반을 숭덩 잘라낸 생일케이크 같다. "죽기 전에 에게해를 여행할 사람은 복이 있도다"는 말은 바로 이곳을 두고 한 것 같다. 눈부시게 빛나는 하얀 건물들에 눈과 마음을 시원하게 하는 파란색 지붕이 하늘과 바다, 작열하는 태양과 완벽하게 조화를 이룬다. 날이 저물어가면서 세계 전역에서 온

다양한 모습의 사람들이 형형색색 옷차림으로 서쪽으로 향한 언덕 경사면에 모여드는 광경도 장관이다. 세상에서 가장 아름다운 일몰을 꼽으라면 이곳을 빼놓을 수 없을 것 같다. 수평선으로 서서히 저무는 해를 보는 동안, 바다에 몸을 던진 아이게우스가 떠올랐다. 마침 하얀 돛을 단 배가 지나가고 있었다.

산토리니에서 바라본 에게해.
이곳에서 세상에서 가장 아름다운 일몰을 볼 수 있다.

크루즈에서 바라본 산토리니.
화산 폭발로 인해 절단 난 해안 절벽 위에 하얀 건물들이 보인다.

산토리니의 전경. 눈이 쌓인 듯 하얀 건물들이 즐비하다.

15

소크라테스의 죽음과
아테네의 쇠락

:::: 아테네 ::::

아테네로 향하며 두 죽음을 생각하다

크레타를 떠나 산토리니를 거쳐 아테네로 향했다. 이번 답사 일정 중 크루즈에서 보내는 마지막 밤이었다. 석양이 어둠에 먹히면서 밤이 짙게 깔리자, 산토리니의 집집마다 조명이 켜지면서 별처럼 반짝였다. 섬에서 멀어지고 주변이 깜깜해지자 선체에 부딪히는 바닷물 소리가 더욱더 크게 들렸다. 크레타를 떠날 때도 그랬지만, 산토리니를 떠나 에게해를 가르며 아테네로 향하는 배의 여정은 또다시 두 사람의 죽음을 떠오르게 했다.

첫째는 아이게우스의 죽음이다. 크레타의 괴물 미노타우로스를 물리치고 아테네로 돌아가는 테세우스는 검은 돛을 내리고 흰 돛을 올리지 못해 아버지 아이게우스를 절망에 빠뜨리고 절벽 밑으로 떨어뜨릴 것이다. 아이게우스는 아들의 죽음을 슬퍼하다 바다에 몸을 던지고 이 바다에 자신의 이름을 줄 터이다. 그래서 이 바다는 아이게우스의 바다, 곧 에게해가 된다. 전해진 이야기 이면에서 그의 죽음이 석연치 않은 측면이 있긴 하다. 그는 아들을 잃었다는 슬픔에 못 이겨 에게해에 스스로 몸을 던진 것이 아니라, 아들의 죽음을 기다리다가 살아 돌아온 아들의 손에 떠밀렸을 가능성이 없지 않기 때문이다.

둘째는 소크라테스의 죽음이다. 크레타로 가는 길에 델로스에 들른 테세우스는 아폴론 신에게 기도했다. '미노타우로스를 무찌르게 해주신다면, 감사의 뜻으로 해마다 델로스로 제의의 배를 띄우겠습니다.' 아폴론 신이 그의 기도를 받아들였다. 테세우스는 미노타우로스를 보란 듯이 무찔렀고 아폴론과 맺은 언약을 잊지 않았다. 그 이후 해마다 아테네인들은 보은의 배를 델로스로 보냈는데, 그 배가 돌아오기 전까지 소크라테스의 사형이 미뤄졌다. 그러나 이 배가 아테네에 닿는 순간, 소크라테스는 미뤄졌던 독배를 마셔야 한다. 지금쯤 소크라테스는 친구와 제자들에 둘러싸여 생의 마지막 밤을 보내고 있을 것이다.

철학은 죽음의 연습이며, 죽음은 철학의 완성이다

델로스에서 출발한 배가 곧 도착한다는 소식을 들은 소크라테스의 친구들과 제자들은 서둘러 감옥으로 모여들었다. 소크라테스를 구할 마지막 기회였기 때문이다. 그들은 간수들을 매수해놓았고, 그를 감옥에서 빼내어 아테네를 빠져나와 아테네 바깥으로 갈 모든 준비를 완료한 상태였다. 그러나 그들은 소크라테스를 설득하는 데 실패했다. 소크라테스는 죽음을 피할 생각이 전혀 없었기 때문이다. 오히려 소크라테스는 죽고 싶어 환장한 사람처럼 독배를 고대하는 모습이었다. 왜일까?

그는 죽음이 몸에서 영혼이 분리되는 사건이라 믿었다. 그것은 영혼의 해방이다. 반면 이승에서의 삶이란 육체라는 감옥에 갇힌 영혼의 수감 생활을 뜻한다. 쇠창살로 막힌 감옥에서 소크라테스가 탈옥한들, 영혼은 여전히 육체에 갇힌 상태니 감옥 바깥이라 해도 여전히 감옥인 셈이었다. 하지만 독배를 마시고 죽는다면 영혼은 몸을 벗어나서 진정한 탈옥, 영원한 해방과 자유를 누리게 된다. 그것을 왜 지금 와서 마다하랴. 사실 소크라테스가 철학을 한 이유도 죽음을 준비하기 위해서였다. 철학이란 진리를 추구하는 것인데, 육체의 욕망과 감각은 언제나 인식의 혼란만 초래하며 영혼이 진리에 이르는 것을 방해한다. 육체적 간섭을 최대한 배제하고 영혼을 가능한 한 가장 맑게 유지해야만 진리를 조금이나마 엿볼 수 있다. 육체로부터 영혼을 분리하는 훈련, 그것이 철학이다. 따라서 철학은 죽음과 아주 비슷하다. 진정한 철학은 죽음의 연습인 셈이다. 그러니 죽음으로써 철학이 완성되려는 순간, 왜 탈옥함으로써 육체의 감옥에 계속 갇히는 길을 선택하겠는가.

마침내 날이 밝았다. 델로스에서 온 배가 아테네에 도착했다. 소크라테스는 기꺼이 독배를 들었다. 그리고 절친 크리톤에게 말했다. "아스클레피오스에게 닭 한 마리 빚이 있네. 꼭 갚아주게." 아스클레피오스는 의학(또는 의술)의 신이다. 이 땅에서의 삶 자체가 영혼이 육체에

소크라테스의 감옥. 그곳에서 소크라테스는 기꺼이 독배를 들었다.

갇히면서 얻은 병을 앓는 것이라 생각했던 소크라테스는 이제 죽음으로써 그 지독한 병에서 벗어나는 기쁨을 '빚'이라고 표현했고, 그 빚은 치유의 신 아스클레피오스가 내리는 은혜라고 생각한 것이다.

아테네의 아크로폴리스 서남쪽 필로파포스 언덕에는 소크라테스가 갇혔다는 감옥이 있다. 진짜 거기서 소크라테스가 죽었을까? 사실 여부와 관계없이, 서양철학, 특히 고대 그리스철학을 공부한 사람에겐 그곳이 성지와도 같은 곳임은 분명하다. 창살을 마주하며 그 안에서 독배를 마시며 죽음을 맞이하는 그의 모습을 그려보면, 몇 권의 책과 논문을 읽는 것보다 더 깊은 깨달음을 얻는다. 감옥에 갇혀 있음에도 그는 자신을 감옥에 가둔 자들보다 더 자유로운 마음으로 진리를 향해 거리낌이 없었다.

페르시아의 침략과 아테네의 황금기

소크라테스가 태어나기 전에 페르시아는 그리스를 세 차례 침략했다. 첫 번째 침략은 기원전 492년에 있었는데, 육로와 해로로 승승장구 진군하던 페르시아 군은 아토스산 인근 해안에서 뜻하지 않은 폭풍을 만나 수백 척의 함선이 파괴되어 퇴각할 수밖에 없었다. 페르시아에 맞설 준비가 되어 있지 않던 그리스로서는 천만다행이었다.

그러나 페르시아는 포기하지 않았다. 기원전 490년, 페르시아는 다시 그리스 본토에 대한 침략을 감행했다. 마라톤 평원에 진을 친페르시아 군에 맞서기 위해 아테네가 출격했지만, 적은 감당하기 어려울 만큼 엄청난 규모였다. 아테네는 군사적 열세를 조금이나마 만회하기 위해 주변의 도시국가에 도움을 요청했지만, 오직 플라타이아만이 1천 명 정도의 군사를 지원했을 뿐, 다른 도시국가들은 침묵했다. 특히 스파르타는 때마침 열린 종교적인 제의 때문에 군사를 보낼 수 없다는 매정한 전갈을 보내왔다. 종교 행사가 중요했을 수는 있겠지만 페르시아와의 전쟁을 꺼렸을 것이다. 그러나 밀티아데스가 지휘한 아테네와 플라타이아 연합군은 마라톤 평원에서 페르시아 대군에게 기적과도 같은 승리를 거두어냈다. 페르시아는 물러나야 했고, 그리스에서 아테네의 위상은 두드러지게 부각되었음은 두말할 나위가 없었다.

두 번의 침략이 무산되자, 다레이오스는 화병이 났다고 한다. 그의 뒤를 이어 등극한 크세르크세스는 아버지의 한을 풀려는 듯 세 번째 침략에 나섰다. 기원전 480년에 감행된 이 침략을 아테네와 스파르타가 힘을 합쳐 결사적으로 막아냈다. 그 이듬해인 479년, 그리스 연합군은 플라타이아 평원에서 페르시아의 잔류병들을 격파했고, 뮈칼레에서는 페르시아의 퇴각한 함대들을 쫓아가 진멸했다. 두 전투는 같은 날 벌어졌으며, 모두 그리스의 승리로 끝났다. 이렇게 해서 세 번에 걸친 페르시아의 침략은 무산되었다.

이를 계기로 아테네는 에게해를 지배하는 해상 제국으로 발돋움했다. 전쟁이 모두 끝난 이듬해인 기원전 478년, 아테네가 페르시아의 도발을 막기 위해 델로스 동맹을 결성하고 주도했기 때문이다.

아테네가 델로스 동맹의 맹주로서 위세를 펼칠 때, 페리클레스가 나타났다. 그는 델로스 동맹의 중심지를 델로스에서 아테네로 과감하게 옮겨왔다. 이로써 아테네는 에게해의 군사·정치·경제의 중심지가 되었고, 문화의 발전과 함께 황금기를 활짝 열었다. 이 시기를 '페리클레스의 시대'라고도 부르며, 이를 전후해서 페르시아 전쟁이 시작된 시점부터 알렉산드로스 대왕이 사망한 시기까지를 '그리스 고전기'라고 부른다. 그리스를 대표하는 철학·문학·역사의 고전들이 쏟아져 나왔기 때문이다. 소크라테스가 바로 이 시대의 한복판에서 활동했던 것이다.

아테네의 상징, 파르테논

페리클레스는 아크로폴리스를 비롯해서 아테네를 복원하여 페르시아 전쟁의 상처를 회복하고, 새롭게 도약하는 위풍당당한 도시로 조성해 나갔다. 아테네와 그리스 문명, 나아가 서구 문명 자체를 상징하는 파

아테나 여신의 신전 파르테논. 이곳에서 아테네의 평화와 번영을 기원했다.

르테논 신전이 그의 대표적인 업적이었다. 신전의 건축은 기원전 447년에 시작되어 438년에 완공되었으며, 세세한 장식과 부속물의 장착은 기원전 432년까지 지속되었다. 그리스어로 '파르테노스Parthenon'는 '처녀'를 뜻한다. '처녀의 집'이라는 뜻의 '파르테논'은 영원히 독신으로 지내는 아테나 여신의 신전을 가리킨다. 페리클레스는 페르시아인들에 의해 파괴된 아테나 여신의 신전을 새롭게, 더욱 웅장하게 건설함으로써 아테네의 부흥을 만천하에 알리는 동시에 동방의 페르시아에 대한 완전한 승리를 선언했다. 실용적인 측면에서 신전은 7년 앞서 델로스에서 아테네로 옮겨온 동맹의 금고 역할을 위한 것이기도 했다. 신전만큼 동맹의 재산을 안전하게 보관할 만한 장소가 어디 있겠는가. 당대 최고의 조각가였던 페이디아스가 만든 어마어마한 크기의 아테나 여신상에는 황금이 입혀졌는데, 그것은 황금을 가장 안전하게 보관하는 방법이었기 때문이다.

파르테논 신전 옆, 아크로폴리스의 북쪽에는 '에레크테이온Erechtheion'이 세워져 있다. '에레크테우스의 신전'이라는 뜻이다. 이것은 기원전 421년부터 기원전 406년까지 펠로폰네소스 전쟁이 한창일 때 세워졌다. 신전의 이름은 아테네의 전설적인 왕 에레크테우스에서 따온 것인데, 호메로스는 "곡식을 베푸는 대지가 낳았고, 아테나 여신이 길렀다"라고 말했다. 그런데 에레크테우스는 흔히 에리크토니오스와 같은 인물로 여겨지곤 했다. 그의 탄생은 흥미롭다. 무장이 필요했던 아테나 여신은 솜씨 좋은 헤파이스토스 신의 대장간을 찾아갔다. 대화를 나누던 중, 헤파이스토스는 갑자기 아테나 여신에게 애욕을 느끼고는 덤벼들었다. 아테나는 거칠게 뿌리쳤지만, 헤파이스토스는 욕망을 주체하지 못하고 그만 사정을 하고 말았다. 분출된 정액의 일부가 아테나의 허벅지에 묻었다. '이런 불결한 것!' 아테나는 화가 잔뜩 났고, '양털Erion'로 빡빡 닦아서 '땅Khthōn'에 던졌다. 양털이 던져진 땅에서 아이가 태어났다. 아테나는 자신의 몸에 닿아 태어난 것이라 생각해서 자기 아들처럼 돌보고 키웠다. '양털과 땅에서 태어난 아이'라는 뜻으로 그 이름이 '에리크토니오스Erikhthonios'가 되었다. 그가 아테네를 지배하는 왕이 되었고, 아테네인들은 자신들을 에리크토니오스 또는 에레크테우스의 자손이라고 자칭하곤 했다.

에리크테니온의 남쪽 면에는 여섯 명의 여인들의 모습을 한 기둥이 있다. '카뤼에스의 소녀들Karuatis'이라는 이름이 붙여졌다. 카뤼에스는 펠로폰네소스반도의 스파르타 가까운 곳에 있는 작은 마을이다. 이곳 출신 여성들은 가장 아름다운 그리스의 여인이었던 헬레네처럼 아름다웠고 건강한 아이를 낳았다고 한다. 소녀상은 하나같이 머리에 신성한 바구니를 이고 있는데, 아테나 여신을 위한 축제에 바치는 성물을 옮기는 것이다. 야외에 세워져 있는 것은 모조품이고 진품 가운데 다섯 개는 아크로폴리스 옆에 세워진 박물관 안에 보관되어 있지만, 나머지 하나는 예전에 밀반출되어 영국의 대영박물관에 보관되어 있다. 돌려주는 것이 마땅한 도리이건만 영국이 돌려줄 리가 없다. 쓸쓸한 일이다. 이래서 박물관을 '국가적인 장물 보관소'라고 하는가 보다.

판 아테나이아 축제

신화에 따르면, 케크롭스가 도시를 세우고 자신의 이름을 따서 '케크로피아'라고 불렀다. 이 도시를 두고 아테나 여신과 포세이돈이 수호신을 자처하고 나섰다. 둘은 시민들의 마음을 사기 위해 경쟁했다. 포세이돈은 삼지창으로 바위를 쳐서 바닷물이 솟구치게 하여 사람들의 경탄과 공포를 자아냈다. 그러나 그것뿐이었다. 시민들은 '그래서 어쩌라고?'라는 표정으로 어리둥절할 수밖에 없었다. 반면 아테나는 올리브나무를 자라나게 했다. 파릇한 열매가 열리고 그것에서 기름을 짜낼 수 있다는 것을 알게 된 시민들은 '이것이야말로 우리에게 소중한 자산이 되겠어!'라고 생각하며 지혜로운 아테나 여신을 자신들의 수호신으로 삼았다. 그때부터 도시의 이름도 여신의 이름을 따라 아테네가 되었다고 한다. 그리고 아테나 여신을 기리는 '판 아테나이아' 제전도 열렸다. 이 축제는 아테나 여신의 생일 축하 잔치였다.

아테나 여신의 탄생에는 신비로운 전설이 있다. 제우스가 권좌에 올랐을 때, 그의 첫 아내는 지혜롭고 아름다운 메티스 여신이었다. 그러나 그녀에게서 태어나는 자식이 제우스를 몰아낼 것이라는 신탁을 듣고 제우스는 메티스를 꿀꺽 삼켰다. 메티스가 잉태한 아이는 제우스의 머릿속에서 무럭무럭 자라났다. 두통에 시달리던 제우스의 머리를 헤파이스토스(또는 프로메테우스)가 도끼로 치자, 쪼개진 틈으로 완전무장을 갖춘 아테나 여신이 튀어나왔다. 제우스의 머리에서 나온 까닭에 아테나 여신은 지혜의 여신이 되었다. 특히 제우스가 영리한 전략으로 크로노스를 필두로 한 티탄신족과의 전쟁에서 승리를 거두었으니, 그의 딸로서 그의 머리에서 태어난 아테나의 지혜는 특별히 전쟁에서 승리의 전략을 짤 수 있는 지혜라 할만하다. 그런 까닭에 아테나 여신은 승리의 여신으로 통하며, '아테나 니케Nikē'라고 불리기도 한다. 아크로폴리스로 들어가는 정문Propulaea 옆에는 아테나 니케 신전이 있다. 기원전 449년에 시작되어 기원전 420년에 완성된 이 신전은 파르테논 신전이 도리아 양식의 기둥을 취하는 것과는 달리, 우아한 이오니아식 기둥을 가지고 있다.

8월 중순 쯤, 아테네 시민들은 파르테논의 거상에 입힐 옷을 마련하여 도심을 통과하는 장엄한 행렬을 벌였다. 기원전 566년부터는 대규모 운동 경기를 개최하였고, 4년마다 한 번씩 올림피아 제전에 버금갈 만한 범그리스 축제를 열어 그리스 전 지역의 사람들을 불러들였다. 우승자에게는 손잡이가 둘 달린 커다란 암포라 도기에 신성한 올리브나무에서 추출한 양질의 기름을 듬뿍 담아 상품으로 주었다. 도기의 한 면에는 아테나 여신의 모습이 그려졌고, 다른 면에는 우승 종목을 그렸다. 우승 트로피의 원조라 할 수 있겠다.

파르테논 신전이 완성된 이듬해, 아테네는 스파르타와 전쟁을 시작했다. 2년이 채 되지 않아, 페리클레스는 그리스에 번진 전염병에 걸려 갑자기 세상을 떠났다. 스파르타와의 전쟁은 피할 수 없는 일이고, 전쟁에서 승리를 거둘 묘법이 있다고 역설하며, 아테네 시민들을 설득하여 전쟁을 지휘하던 페리클레스를 잃은 아테네는 27년의 전쟁에서 결국 패배했다. 얼마 후, 아테네 시민들은 무지의 각성을 촉구하며 진리를 추구할 것을 외쳤던 소크라테스에게 사형을 선고했고, 그는 홀연히 세상을 떠났다. 그렇게 아테네의 전성기가 저물어갔다.

16

함께 자책하고 정화하다,
오이디푸스처럼

::::: 아테네 :::::

비극이 공연되던 디오뉘소스 극장

아테네 중앙에 우뚝 솟은 아크로폴리스에 올라가면 웅장한 파르테논 신전이 한눈에 들어온다. 신전을 빙 돌다가 남쪽의 성벽 끝으로 가 아래를 내려다보면, 디오뉘소스 극장이 환하게 보인다. 아찔하게 깎아지른 성벽이 끝나는 부분부터 완만한 경사면을 따라 가지런히 객석이 계단을 이루며 부채꼴로 내려간다. 꼭지점에서 평지가 시작되는데, 거기에 대리석으로 닦인 '오르케스트라Orkhēstra'라는 반원 모양의 마당이 보인다.

　오르케스트라의 중앙에는 제단의 흔적이 역력하다. 우리에게

아테네의 아크로폴리스에서 내려다본 디오뉘소스 극장.

'오케스트라Orchestra'라는 말로 익숙하며, '관현악단'을 뜻하는 말로 쓰이지만, 원래 이 말을 그대로 옮긴다면 '무도장'이라는 뜻에 더 가깝다. 그리스어에서 '오르케오orkheō'는 '춤추다, 무용하다'라는 뜻이며, 춤꾼들이 나와 춤을 추는 마당이 바로 '오르케스트라'이기 때문이다. 이 극장에서 비극과 희극 공연이 있었는데, 배우들 이외에 합창단이 오르케스트라에 나와 합창하면서 춤을 췄다. 우리가 셋째 날에 들렀던 에피다우로스의 극장은 기원전 4세기경에 세워졌는데, 그곳의 오르케스트라는 원형이었다. 반면 에페소스의 극장은 기원전 3세기경에 세워지고 그 후에 로마인들에 의해 확장되었는데, 이곳의 오르케스트라도 아테네의 디오뉘소스 극장처럼 반원형으로 만들어져 있다.

디오뉘소스 극장의 오르케스트라가 직선으로 끝나는 부분에 잇

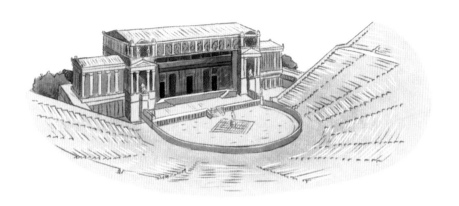

디오뉘소스 극장의 상상도.
서양 연극의 창시자라 불리는 뛰어난 극작가들의 작품이 공연되었다.

닿아 무대가 솟아 있었고, 무대 뒤로는 배경 그림을 걸어놓을 수 있는 벽면 건물이 있었다. 지금은 무대로 오르는 계단과 야트막한 흔적만 간신히 남아 있고 벽면 건물과 거기에 붙어 있던 디오뉘소스 신전은 완전히 사라졌다. 객석도 오르케스트라 가까운 쪽의 일부만 남아 있다. 그러나 이곳은 언덕을 타고 돌계단이 차곡차곡 쌓아져갔으며, 최대 1만 8천 명의 관객을 수용할 수 있었다고 하니, 그 규모가 엄청나다. 1만 4천 명을 수용할 수 있었던 에피다우로스의 극장보다는 크고, 2만 5천 명을 수용할 수 있었던 에페소스의 극장보다는 작은 규모였다. 폐허를 바탕으로 디오뉘소스 극장의 온전한 모습을 상상하면 감탄이 절로 나온다. 자연이 만든 터의 무늬를 오롯이 살려 그 위에다 객석과 마당을 아로새기고, 무대와 신전을 덧입힌 솜씨가 천하일품이다. 우리

주변에는 '터무니없이' 제멋대로 세워진 건물이나 구조물들이 얼마나 많고 보는 이들의 눈살을 찌푸리게 하는가. 하지만 디오뉘소스 극장은 아름다운 건축이 어떠해야 하는지를 여실히 보여준다.

　　디오뉘소스 극장은 기원전 5세기에 디오뉘소스 제전의 탄생과 함께 생겨났다. 처음엔 아고라에 간이 무대로 설치되었던 극장이 기원전 5세기 초에 붕괴 사고가 나고 수많은 사상자가 발생하자, 보다 안전하고 단단한 극장을 건설하게 되었다. 아크로폴리스의 경사면을 이용하여 객석을 만들고 무대를 만든 것이다. 처음에는 객석이 나무로 만들어졌지만, 부자들이 돈을 대면서 조금씩 석재로 바뀌어갔다. 극장 전체가 석재로 완성된 것은 기원전 4세기 중반이었다.

대大디오뉘소스 제전

기원전 6세기에 아테네의 참주였던 페이시스트라토스는 아테네의 아고라에서 대규모 디오뉘소스 제전을 처음 개최하였다. 원래 디오뉘소스 제전은 각 농촌 마을마다 소규모로 벌어지던 지역 축제였다. 사람들은 겨울이 끝나고 봄이 올 때를 대비하여 포도주 농사의 풍요를 기원하는 제의를 벌였던 것이다. 주신은 당연히 포도와 풍요, 포도주와 축제의 신 디오뉘소스였다. 디오뉘소스 제전은 농사를 기본으로 하는 일반 시민들에게는 가장 중요한 축제였다. 이런 사실을 페이시스트라토스는 놓치지 않았다. 아테네 시민의 대부분을 이루는 평민들의 지지를 확보하기 위해 그들에게 중요한 디오뉘소스 제전을 아테네 도성의 한복판인 아고라에서 개최하며 모든 아테네 시민들이 모여 즐길 수 있도록 한 것이다.

3월에서 4월로 넘어가는 본격적인 봄맞이 철이었다. 고대 아테네의 시민들은 이 극장에 모두 모여 풍년을 기원하는 대규모의 디오뉘소스 제전을 벌였다. 그 이전의 도성 밖 농촌에서 벌어진 제전을 '작은 디오뉘소스 제전Mikra Dionysia'이라고 부르면서, 도시에서 열리는 이 새로운 제전을 '큰 디오뉘소스 제전Megra Dionysia'이라고 불렀다. 이 제전의 꽃은 비극경연대회였다. 대大디오뉘소스 제전에 비극경연대회가 처음 도입된 것은 기원전 534년이며, 희극은 그보다 훨씬 후인 기원전 487년경에 도입되었다. 비극은 예술과 문화 활동이지만, 본질적으로는 디오뉘소스를 주신으로 섬기는 예배요 제의였다.

따라서 비극경연대회가 벌어진 곳을 우리는 극장이라고는 했지만, 본래 디오뉘소스 신을 기리는 예배당인 셈이다. '극장'을 뜻하는 영어 단어 theater는 '테아트론theatron'이라는 그리스어에서 나온 것인데, 이 말은 원래 극장 자체보다는 '객석, 관람석'을 뜻했다. 이 말도 곱씹어보면 의미심장하다. 그리스어 '테아오마이theaomai'는 '보다, 관람하다'라는 뜻도 있지만, '깊이 통찰하다'라는 의미도 있다. 이런 뜻의 연장선상에서 '탐구하다'는 뜻의 '테오레오theōreō'라는 말도 나오고, 여기에서 '이론'을 뜻하는 영어 단어 theory의 어원이 되는 '테오리아theōria'가 나왔다. 그러니 '테아트론'은 그냥 공연을 보며 관람하는 곳이 아니라, 연극을 통해 인간의 본성과 삶의 의미를 깊이 통찰하는 곳인 셈이다.

비극을 영어로 tragedy라고 하는데, 이는 그리스어 '트라고디아

tragōidia'에서 온 것이다. 이 말은 '숫염소tragos의 노래aoidē'라는 뜻이다. 이 말에는 애초 비극이 숫염소를 디오뉘소스 신에게 바치며 부르던 진지하고 신성한 노래였다는 뜻이 담겨 있다. 우리는 왜 신에게 제물을 바치는가? 아무리 노력해도 어쩔 수 없는 인간의 한계를 인정하며, 인간을 초월한 존재인 신에게 의지하며 축복을 기원하는 것이다. 그런 점에서 제물은 신에게 바치는 선물이다.

그러나 그것이 전부는 아니다. 신의 축복을 받을 자격을 갖추려면 죄로 얼룩진 나 자신을 깨끗하게 만드는 회개와 거듭남의 의식이 필요하다. 이때 제물은 죄로 얼룩져 있기에 죽어야 마땅한 나 대신에 내 죄를 짊어지고 죽어가는 희생양이다. 그런 점에서 제물은 곧 나이며, 제물을 죽여 태우는 의식은 죄로 얼룩진 나를 죽이고 새로운 나로 거듭나는 종교적 정화, 즉 카타르시스katharsis의 과정이다. 비극은 바로 그런 의미를 담고 있었다. 무대는 제단이었고, 무대 위의 주인공은 제단 위에 바쳐진 제물과도 같았다. 무대 위의 주인공이 욕망과 격정에 휩싸여 뜻하지 않는 실수를 저지르고 고통을 당하고 죽어가는 모습을 바라보며, 객석의 관객은 그렇게 죽어 마땅한 자기 자신이 무대 위의 주인공과 함께 죽어가는 체험의 시간이며, 자기 자신과 인간 본성에 관한 통찰의 시간이었던 것이다.

비극의 제의적 의미

기원전 429년쯤, 그리스 비극의 백미로 꼽히는 〈오이디푸스 왕〉이 공연되었고 아테네 시민들이 모두 모여 예배를 드리듯 비극을 관람했다. 무대 깊숙한 곳에서 문이 열리고 오이디푸스가 걸어 나와 마치 제단 위에 올려지는 제물처럼 무대 중앙에 선다. 그를 기다리던 사람들이 탄원한다. 사악한 역병이 도시 전체를 덮치면서 전염된 사람들이 죽어가니 구해달라는 것이었다. 오이디푸스는 문제 해결을 약속하며 신탁을 구했다. 아폴론의 여사제는 답을 주었다. "선왕 라이오스를 죽인 자가 벌을 받지 않고 도시에 숨어 있다. 도시를 오염시킨 범인을 찾아내서 처벌하라!" 오이디푸스는 신탁에 따라 도시를 구하기 위해 범인을 잡으려고 혼신을 다한다. 그러나 그가 그렇게 찾고 있었으며, 결딴내기로 했던 그 범인이 결국 자기 자신임이 밝혀진다. 모든 사실이 만천하에 드러났을 때, 오이디푸스는 진실을 피하지 않고 약속대로 자신의 두 눈을 찌르며 자기 징벌을 감행한다. 역병으로 물든 도시를 정화하고 고통으로 죽어가는 시민들을 구하는 희생의 제물이 되는 것이다.

〈오이디푸스 왕〉은 관객들을 충격과 슬픔에 빠뜨렸다. 그로부터 불과 2년여 전, 아테네는 스파르타와 펠로폰네소스 전쟁을 시작했다. 아테네의 지도자 페리클레스는 스파르타의 공격을 무력화시키려고 모든 시민들을 도성 안으로 피신시킨 후, 해군력을 이용해 적의 뒤통수를 치려고 했다. 그것은 기막힌 전략의 묘수였다. 그러나 아무리 뛰어난 그였더라도 예측하지 못한 것이 있었다. 한꺼번에 몰려든 사람들 사이에서 역병이 급속히 퍼졌고 수많은 사람들이 속절없이 죽었던 것이다. 그 와중에 페리클레스마저 역병에 걸려 홀연히 세상을 떠났다. 〈오이디푸스 왕〉이 공연되었을 때, 객석에 앉아 있던 관객들은 전쟁 중에 지도자를 잃고 허탈하고 불안했음은 물론, 아테네를 휩쓴 전염병에 부모, 형제, 친구를 잃은 참담한 상태였다. 무대 위의 비극은 먼 옛날의 전설이 아니라, 그때 거기의 절망한 사람들을 위한 생생한 진혼곡이었던 것이다.

오이디푸스가 자해하며 도시의 오염을 책임지려고 했던 것처럼, 관객들은 저마다 자신들의 잘못을 돌아보며 무대 위의 오이디푸스와 함께 자책했다. 도시를 재건하고 개인의 일상을 회복하겠다는 각오를 다지며, 상처받은 영혼을 치유하는 정화katharsis의 시간을 가졌던 것이다.

아스클레피오스 제전과 신전

디오뉘소스 극장 맨 위쪽 객석의 서쪽으로 시선을 옮기면 세로로 길게 늘어서 있던 건물의 흔적이 보인다. 세 개의 기둥에 얹힌 상인방 일부가 외롭게 복원되어 있고, 나머지는 토막 난 기둥의 밑동 몇 개와 주춧돌들의 직사각형 구획이 바닥에 남아 있을 뿐이다. 사람들의 눈길을 끌기엔 특별한 것이 별로 없어 보이는 폐허에는 의학의 신 아스클레피오스 신전이 있었다. 그 신전이 세워진 것은 기원전 419년경인데, 아테네에 역병이 돌기 시작한 지 10년이 되는 해였다. 한번 돌기 시작한 역병은 좀처럼 퇴치되지 않았다. 아테네는 밖으로는 스파르타와 싸웠고, 안으로는 역병과 싸우는 이중의 전쟁을 치르고 있었다. 지친 아테네인들은 마침내 아스클레피오스 신에게 구원을 청했다. 그들은 병들어 고통받으며 사투를 벌이던 사람이 치유되고 회복되는 일은 한갓 인간의 능력을 넘어서는 신비로운 현상이라 믿었던 것이다. 아스클레피오스 신은 뱀이 휘감긴 지팡이를 들고 다니는데, 그것은 지금도 세계보건기구WHO의 상징으로 남아 있다. 서구인들의 무의식 속에는 그리스인들의 믿음이 살아 있는 셈이다.

아테네인들은 아스클레피오스 신을 모시는 신전을 세우고 제사를 올렸다. 신을 기리는 성대한 축제도 벌였다. 아스클레피오스 제전은 디오뉘소스 제전의 개최 바로 전날에 열렸다. 시민들은 간절한 마음으로 축제에 참여하여 개인적인 치료와 회복을 기도하고 공동체 전체의 위생과 건강을 기원하는 대규모 희생제를 개최했다. 신을 기쁘게 하는 노래와 악기연주경연대회도 열었고, 씩씩한 청년들이 힘껏 기량을 겨루는 운동 경기도 펼쳤다. 이 모든 행사가 신을 향한 것이었지만, 동시에 병마에 시달리던 사람들의 몸과 마음에 활력을 불어넣고 회복을 기약하는 위로와 격려의 잔치였다. 신전 또한 병든 사람들을 일상으로부터 격리한 후, 회복을 위해 살뜰하게 돌보는 병원이었으며, 신의 사제들은 치료를 위한 의사요 간호사였던 것이다.

비극경연대회가 주축이던 디오뉘소스 제전이 아스클레피오스 제전에 연이어 열린 것처럼, 아스클레피오스 신전은 디오뉘소스 극장 바로 옆에 건설되었다. 극장 옆에 병원이라. 이와 같은 조합을 제안한 사람은 바로 〈오이디푸스 왕〉의 작가였던 소포클레스였다. 그는 120여 편의 비극을 창작한 시인일 뿐만 아니라, 아테네의 재무관을 역임하고 전쟁 중에는 군대 지휘관으로 활약했던, 그야말로 문무를 겸비한 아테네의 진정한 엘리트였다. 그는 인간의 몸과 마음이 함께 건강

아테네 아크로폴리스에서 내려다본 디오뉘소스 극장과 아스클레피오스 신전 터.

해야 참된 행복을 누릴 수 있다고 믿었다. 그래서 비극을 통해 인간의 상처받은 영혼을 치유하는 디오뉘소스 극장과 병들고 다친 몸을 치유하는 아스클레피오스 신전이 함께 붙어 있어야 한다고 주장했던 것이 아닐까.

소포클레스의 제안은 사실 그리스의 전통에 따른 것이기도 했다. 아테네의 아스클레피오스 신전 터에서 발견된 부조에는 신이 에피다우로스에서 아테네에 도착하자 신전 건축을 책임진 텔레마코스 아카르네아스가 신을 영접하는 장면이 새겨져 있다. 아폴론 신과 인간 코로니스 사이에서 태어난 영웅이었던 아스클레피오스가 처음으로 의술의 신으로서 숭배된 곳이 바로 에피다우로스였다. 고대 그리스의 병원 노릇을 하던 신전은 방방곡곡에 300여 개가 있었다고 하는데, 그

원형이 거기에 있었고, 아테네 역시 에피다우로스의 아스클레피에이온의 구조와 정신을 충실하게 따랐던 것이다.

3부

에게해를 넘어
지중해로

17

이집트에 새겨진
그리스의 흔적을 찾아서

::::: 알렉산드리아 :::::

에게해를 넘어 지중해로

2019년 5월 30일 목요일 오후 2시 15분쯤 인천공항을 출발하였다. 로마에 도착한 것은 현지 시간으로 오후 7시 30분쯤이었다. 2시간 정도기다렸다가 로마를 출발하여 자정을 넘긴 시간에 아테네에 도착하였다. 그렇게 시작된 에게해 중심의 그리스 문명 답사는 6월 7일 금요일아테네에서 밤을 보내며 마무리되었다.

피날레는 그 이상을 상상할 수 없을 만큼 환상적이었다. 헤로데스 아티쿠스 극장에서 오페라를 관람했던 것이다. 이 극장은 서기 161년 아테네 출신의 헤로데스가 26세 연하의 로마인 아내 아스파시아를 추억하며 세운 것이다. 헤로데스는 그리스인이었지만 로마 시민이었으며, 143년에는 로마 원로원의 집정관이 되었던 인물이다. 그는 마르쿠스 아우렐리우스의 가정교사였던 이력으로도 유명하다. 이 극장은 5천 명 정도를 수용할 수 있는 비교적 작은 규모의 로마식 극장이었는데, 목재로 된 지붕이 덮여 있어 전천후 관람이 가능했다. 지금은 지붕이 없지만 객석을 포함해서 다른 부분들은 대체로 보전이 잘 되어 있어 지금도 실제 공연이 이루어지곤 하는데, 운이 좋게도 그리스를 떠나기 전날 빈첸초 벨리니의 오페라 〈노르마Norma〉의 공연이 있었다. 아테네에서 고대의 극장에 앉아 현대의 오페라를 듣는다는 것은 잊을 수 없는 경험이다. 극장 가득히 〈정결한 여신Casta Diva〉이 울려 퍼지는 순간, 소름이 돋고 가슴이 터질 것만 같았다. 눈을 감고 듣고 있노라니 그리스 출신의 세기적 소프라노 마리아 칼라스(1923~1977년)도 선명하게 떠올랐다. 그렇게 마지막 날이 저물어갔다.

　6월 8일 토요일, 조식을 마친 우리 일행은 아테네에서 로마로, 로마에서 인천으로 왔다. 6월 9일 일요일 정오가 다 된 시간이었다. 아쉬움의 작별인사를 하며 헤어졌지만, 훗날을 기약하는 이야기도 있었다. 그리스를 중심으로 에게해의 문명을 둘러보았으니, 지중해 쪽으로 가보자는 제안이었다. 그리스 문명은 해상 활동을 통해 소아시아는 물론 아프리카 북부와 이탈리아 남부, 프랑스와 스페인의 일부 지역까지 진출했다. 그러나 전면적으로 그리스 문명이 확장된 것은 알렉산드로스 대왕의 동방원정을 계기로 이루어졌다. 알렉산드로스는 이집트에 알렉산드리아라는 도시를 세웠고, 그의 후계자였던 프톨레마이오스가 그리스의 왕국을 세웠다.

이런 역사적 사정을 고려해서 이집트는 답사 지역의 하나로 정해졌다. 여기에 지중해를 무대로 활발한 해상 활동을 했던 페니키아 문명을 살펴보자는 의견이 더해졌다. 페니키아 문명의 출발점은 지금의 시리아와 레바논, 이스라엘이 있던 지중해의 동쪽 해안이었지만, 이들은 서쪽으로 세력을 확장하여 마침내 카르타고를 건설하고 지중해 서쪽 지역의 패권을 차지했다. 이렇게 해서 튀니지가 추가되었고, 여기에 몰타를 더하는 2차 문명 답사가 기획되었다.

운이 좋았다. 2020년 1월에 계획대로 이집트, 튀니지, 몰타를 다녀왔는데, 얼마 후 코로나19가 전 세계적으로 퍼지면서 여행길이 막혔으니 말이다. 조금만 늦었어도 2차 문명 답사는 무산될 뻔했던 것이다. 출발했어도 자칫 현지에서 발목이 잡혀 곤욕을 치를 뻔했다. 다행히 일정대로 답사를 마치고 무사히 귀국했다.

에게해는 지금의 그리스 동부와 터키 서부, 그리고 크레타섬으로 둘러싸인 바다를 가리킨다. 기원전 5세기에 그리스가 아테네와 스파르타를 중심으로 힘을 합쳐 페르시아의 두 차례 침략을 막아내고 '그리스 고전기'라 불리는 문화적 황금기를 이루어나갈 때, 지리적 배경이 된 곳이었다. 그러나 페르시아라는 공동의 적을 몰아내자, 아테네와 스파르타는 곧 그리스 세계의 패권을 놓고 서로 적이 되었다. 마침내 둘은 펠로폰네소스 전쟁에서 27년 동안 맞붙었고, 승자도 패자도 모두 쇠락하는 길로 가고 말았다.

한편, 북쪽 마케도니아에서 알렉산드로스 대왕이 나타나면서 그리스 세계는 새로운 국면에 접어들었다. 그는 그리스를 통합하여 코린토스 동맹을 재건한 후, 페르시아 원정을 떠나면서 그리스 세계를 에게해 너머로 확장시켰다. 육상으로는 소아시아 깊숙이 진격하여 인더스강까지 이르렀고, 해상으로는 에게해를 넘어 지중해 세계로 나아가는 계기를 만들었다. 그가 당시 페르시아 치하에 있던 이집트를 정복하면서부터 그리스는 본격적으로 지중해의 동쪽을 지배하게 되었다. 물론 그 이전에도 그리스는 시칠리아섬의 동부에 있는 시라쿠사를 비롯해서 여러 식민 도시를 건설하고, 프랑스 남부 해안과 스페인의 동쪽, 그리고 아프리카 북부로 진출하면서 지중해를 누비고 다녔지만, 알렉산드로스 이전까지 그들의 문명은 에게해 중심이었다.

　에게해를 건너 페르시아 땅에 발을 디딘 알렉산드로스는 그라니코스 전투를 시작으로 승승장구하며 지금의 터키 서부 해안을 따라 내려가다가 마침내 이집트에 이르렀다. 특히 나일강 하류의 비옥한 삼각주 지대 서쪽 끝은 그의 감탄을 자아냈다. 그는 자신의 조국 마케도니아의 수도 펠라를 출발해서 그곳까지 마치 초승달 모양의 땅을 정복하면서 지중해 동쪽을 장악하자, 그곳이 새로운 제국의 중심지로 최적의 장소라고 생각했다. 마침내 그곳에 자기 이름을 붙여 알렉산드리아라는 도시를 세웠다. 그리고 그곳을 제2의 아테네로 만들고자 했다. 그러나 그는 페르시아 중심부를 향해 돌진하면서 알렉산드리아에 정착하지 못했다. 다시 그곳으로 돌아왔을 때는 이미 시신이 된 상태였다.

이집트의 신이 된(?) 알렉산드로스

2020년 1월 16일 목요일 12시 30분에 인천에서 출발하여 쾰른을 경유하고 이집트에 도착했을 때는 자정을 조금 넘긴 시각이었다. 직전의 그리스 답사에 대한 기억을 되새기면서 이집트로 가는 여정은 알렉산드로스의 원정을 내내 떠오르게 했다. 우리 일행이 머문 호텔은 한반도의 현대사와도 관련이 있는 유서 깊은 곳이었다. 일제로부터 우리 민족의 독립이 국제적으로 합의된 카이로회담(1943년)이 열렸던 곳이기 때문이다. 어둠이 짙게 깔렸는데도 쿠푸 왕의 피라미드의 실루엣이 내 눈을 사로잡았다. 가슴이 두근거렸다. 이집트 하면 뭐니 뭐니 해도 피라미드 아닌가. 아침에 일어나 어둠이 벗겨지고 드러난 피라미드는 어마어마했다. 호텔 정원에 조성해놓은 자작한 연못에 고스란히 비추며 만들어낸 데칼코마니의 풍경은 신비롭기까지 했다.

첫날 일정은 파이윰 오아시스를 방문하는 것으로 시작했다. 카이로의 숙소에서 오아시스까지는 차로 2시간 20분 정도 걸렸다. 거리는 대략 86.2킬로미터 정도. '파이윰Faiyum'은 콥트어로 '호수, 바다'라는 뜻이다. 오아시스라고 해서 사막 한가운데 야자수 몇 그루 있는 연못 정도를 상상했는데, 그곳은 그야말로 '파이윰'이었다. 끝이 보이지 않을 정도로 펼쳐진 물은 바다라고 해도 손색이 없을 정도였다. 프톨레마이오스 왕조의 두 번째 왕은 필라델포스라는 별칭이 있었다. 자기 누이였던 아르시노에를 무척 사랑했기 때문이었다. 그리스어로 '필로'는 '사랑한다'는 뜻이고, '아델포스'는 '형제'라는 뜻이다. 둘은 부부가 되었고 끝까지 금실이 좋았다. 필라델포스는 아내이자 누이의 이름

'아르시노에'를 이곳 파이움을 대신하는 이름으로 불렀다. 이곳은 또 '크로코데일로 폴리스'라고도 불렸는데, '악어Krokodeilos의 도시'라는 뜻이다. 파이움 오아시스에는 전통적으로 악어 모습의 신 소벡과 그의

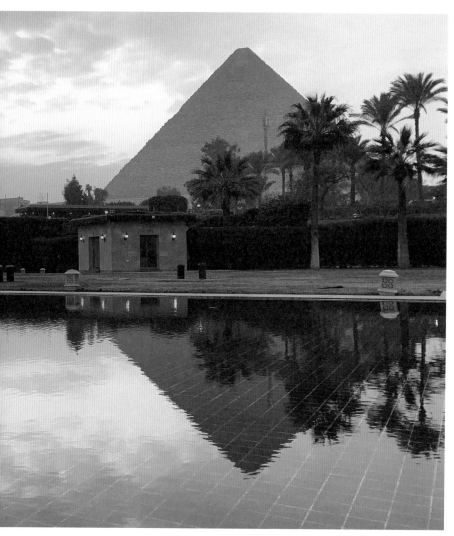

이집트 쿠푸 왕의 피라미드의 실루엣이 나를 사로잡았다.

아들이 살고 있었다고 전해진다.

　　파이움에서 돌아와 점심 식사를 한 후, 우리 일행은 숙소 앞에
있는 쿠푸 왕의 피라미드로 갔다. 곁에서 보는 것만으로도 신기했는

쿠푸 왕의 피라미드를 지키고 있는 수호자, 스핑크스.

데, 그 내부로 들어가니 더욱더 놀라웠다. 피라미드를 지키고 있는 스 핑크스도 인상적이었다. 얼굴과 몸통이 많이 손상되긴 했지만, 웅장한 크기와 위엄 있는 자태가 보는 사람을 압도한다. 이것에 비하면 델피 박물관에서 보았던 스핑크스는 귀여운 미니어처였다. 두 스핑크스의 성격 자체도 많이 다르다. 그리스 신화에서 스핑크스는 사람들을 괴롭 히는 괴물의 형상이지만, 이집트 신화에서 스핑크스는 성소를 지키는 수호자의 역할을 맡는다.

피라미드를 비롯해서 이집트의 고대 유적을 둘러보는 것도 의 미 있지만, 알렉산드로스가 이집트를 정복한 이후부터 그 안에 새겨진 그리스의 흔적을 보는 것은 더욱 흥미로운 일이었다. 이집트는 알렉산 드로스의 후계자를 자처하던 프톨레마이오스 1세부터 그 유명한 클레

244

오파트라에 이르기까지 약 275년 동안 그리스인이 지배하던 왕국이었다. 알렉산드로스가 혈통적 후계자를 남기지 못하고 갑작스럽게 죽음을 맞이하자, 그를 수행하던 장군들 사이에 권력 투쟁이 일어났다. 이들은 알렉산드로스가 정복한 땅을 나눠서 차지하고도 더 많이 갖겠다고 치열하게 싸웠다. 그 가운데 프톨레마이오스 1세는 알렉산드리아가 있는 이집트를 차지했다.

예언자 아리스탄드로스가 "알렉산드로스의 시신이 머무는 곳은 영원히 강성하리라"는 말을 던지자, 프톨레마이오스 1세는 마케도니아로 후송 중이던 알렉산드로스의 시신을 빼돌려 이집트의 멤피스로 가져왔다. 그리고 알렉산드리아에 알렉산드로스의 무덤을 짓기 시작했고, 자신의 형제였던 메넬라오스를 초대 사제로 임명하여 알렉산드로스를 위한 제의를 집행토록 했다. 그 제의는 죽은 인간이 아니라 불멸의 신을 위한 것이었다. 프톨레마이오스 2세는 마침내 알렉산드로스의 시신을 알렉산드리아로 옮겨놓고, 알렉산드로스의 무덤을 최고의 신전으로 격상시켰다. 당연히 그곳의 사제는 최고의 권위를 부여받았다.

알렉산드로스는 살아 있을 때도 신으로 추앙받길 원했으며, 스스로를 제우스의 아들이라고 천명했다. 고대 그리스의 역사가 플루타르코스가 서술한 전기 《영웅전》은 이를 뒷받침할 알렉산드로스의 태몽을 전해준다. 그의 어머니 올림피아스는 하늘에서 떨어지는 벼락을 배에 맞았다. 그 벼락에서 튄 불꽃은 그녀의 몸으로부터 전 세계로 번져나갔다. 벼락이란 제우스를 상징하니, 그녀가 잉태한 아이의 아버지는 제우스였음을 의미했다. 또한 알렉산드로스가 이집트를 정복했을 때, 암몬 신전에 들러 자신이 제우스의 아들이라는 신탁을 받았다고 한다. 이후 프톨레마이오스 왕국의 왕들은 알렉산드로스의 뜻을 받들어 그를 신격화시키는 동시에, 자신들도 그 반열에 함께 섰다. 알렉산드로스를 위한 제의가 최고의 국가적인 행사로서 엄중하게 거행되었던 것은 프톨레마이오스 왕조의 왕권을 종교적으로 강화하고 대외적으로 후계자의 위치를 선언하기 위한 것이었다.

알렉산드리아 도서관, 서구 문명의 산실

프톨레마이오스 왕조는 알렉산드로스의 적통임을 과시하기 위해 거대한 도서관도 건설했다. 살아생전 알렉산드로스는 알렉산드리아가 제국의 정치와 경제는 물론, 문화의 중심지가 되길 원했고 그곳에 세계에서 가장 큰 도서관을 세우고 싶어 했다. 이 계획은 프톨레마이오스 2세에 의해 실행되었다. 이를 위해 아테네로부터 데메트리오스가 초빙되었다. 그는 알렉산드로스의 스승이었던 철학자 아리스토텔레스가 아테네에 세운 학원인 뤼케이온에 소속된 인물이었다. 이 또한 알렉산드로스의 정신을 계승했음을 과시하는 하나의 징표였다.

　　이 도서관은 박물관의 기능도 했으며, '무세이온Mouseion'이라는 이름이 붙여졌다. '박물관'을 뜻하는 영어 단어 Museum이 여기에서 나왔다. 이는 음악과 시가의 여신인 아홉 '무사Mousa'들을 위한 신전이라는 뜻이다. 박물관, 도서관이 신전이라? 무사 여신은 기억의 여신 므네모쉬네와 제우스의 딸이다. 제우스는 시간의 신 크로노스를 제압

고대 알렉산드리아 도서관의 상상도.
프톨레마이오스 1세는 "지구에 있는 모든 민족의 책을 모으라"고 지시했다고 한다.

하고 영원한 권력을 획득했으니, 둘의 결합에서 태어난 무사 여신들은 시간의 흐름에도 퇴색하지 않는 영원한 기억의 힘을 유전적으로 가진 셈이다. 따라서 도서관의 책이나 박물관의 유물은 한 공동체의 지식과 역사를 영원히 기억하기 위한 것들이니 무사 여신들의 가호를 받아야 한다. 그래서 도서관, 박물관은 무사 여신의 신전이며, 그곳에서 열심히 학문에 정진하는 것은 무사 여신을 위한 종교적 제의나 마찬가지였다.

초대 도서관장은 제노도토스였다. 그는 호메로스의 서사시를 지금에 가까운 형태로 편집한 탁월한 문헌학자였다. 그 밖에도 당대의 최고 지식인들이 이곳에 모여 수많은 책들을 모으고 정리하고 연구했다. 아테네를 중심으로 피어난 그리스 문명이 바로 이곳에서 수백 년

새로 건설된 알렉산드리아 도서관의 내부.

동안 집대성되고 심화되었으며, 헬레니즘 시대의 탁월한 문화적 성취로 이어져 서구 문명의 튼튼한 토대가 되었다. 그러나 로마의 카이사르가 알렉산드리아를 공격하면서 도서관의 일부가 파괴되었고, 그 이후에도 내전과 외침을 겪더니 마침내 역사 속으로 사라져버렸다. 지난 2002년에 이집트 정부와 유네스코가 함께 세운 새로운 도서관이 과거의 영광을 조금이나마 재현하고 있다. 건물의 모양은 전체가 비켜 자른 원통형인데, 천장은 온통 유리로 덮여 있어 채광이 풍부하다. 도서

알렉산드리아 도서관의 벽면에 한글 '월'이 새겨져 있다.

관 벽면에는 세계 각국의 문자가 새겨져 있는데, 도서관으로 들어가는 입구 쪽에 한글 '월'이 선명하게 보인다. 이집트의 매력은 다양한 문명의 유산과 역사를 품고 있다는 것인데, 그리스의 흔적은 이집트가 서구 역사의 바깥에 있지 않음을 여실히 보여준다.

알렉산드리아

18

로마의 건국 신화를
만나다

::::: 카르타고 :::::

이집트에서 카르타고로 떠나면서

2020년 1월 16일에서 20일까지의 일정으로 진행된 이집트 답사는 나에게 흥미롭고 특이한 경험을 여럿 선사했다. 다양한 이야깃거리가 있지만 이 책에 다 담아내지는 못했다. 예수가 태어났을 때, 그가 유대인의 왕이 된다는 예언이 있었고, 이를 겁낸 당시 이스라엘의 권력자인 헤롯 왕은 죄 없는 아이들을 모두 도륙했다. 그 잔혹한 손길을 피해 예수의 부모는 이집트로 피신했다. 이집트에는 예수의 가족들이 머물던 지하 은신처가 교회의 모습으로 보전되어 있다. 그들은 얼마나 두려웠을까? 머리 위로 사람들의 발걸음 소리만 들려도 숨을 죽이지 않았을까?

예수의 행적을 기록한 〈마가복음〉의 저자인 마가는 나중에 이집트의 알렉산드리아로 와서 기독교를 전파했다. 그가 전한 기독교의 전통은 우리가 익히 아는 로마 가톨릭 기독교와는 많은 점에서 사뭇 달랐다. 로마에서는 베드로를 첫 교황으로 받드는 반면, 이곳의 콥트 기독교는 마가를 초대 교황으로 삼고 독자적인 신앙 노선을 걸어왔다. 우리에게 낯선 새로운 기독교의 전통을 이집트는 한껏 담고 있었다. 콥트 박물관이나 공중교회의 분위기는 매우 이색적이었다.

프톨레마이오스 3세가 건설한 세라페움, 즉 세라피스의 신전도 인상적이었다. 토착 이집트 신화에 그리스 신화를 결합시킨, 일종의 하이브리드 신이 바로 세라피스다. 그리스 신화의 데메테르와 하데스, 디오뉘소스 신의 여러 요소들이 이집트의 오시리스와 아피스의 요소들과 결합되어 새롭게 만들어진 알렉산드리아의 수호신이다. 디오클레티아누스 황제를 기리는 '폼페이의 기둥'과 그 곁을 지키는 두 개의 스핑크스 석상도 매우 인상적이다.

1월 20일 마지막 일정으로 들른 카이로 박물관에서 본 투탕카멘의 황금 가면은 그 명성과 화려함 때문인지, 거의 다른 모든 유적들의 이미지들을 지우고 한동안 머리에 생생하게 남아 있었다. 저녁 8시쯤에 비행기를 타고 이집트를 떠나 튀니지로 갔다. 이동하는 기내에서 두 사람이 내내 떠올랐다. 트로이아의 영웅 아이네아스(그리스 신화에서는 아이네이아스)와 페니키아 튀로스의 공주 디도였다. 튀로스(현 레바논의 튀레)는 섬이었는데, 그곳을 육지와 연결시킨 이는 알렉산드로스 대왕이었다. 기원전 332년 이집트로 남진하던 그는 튀로스와 해전으로 맞붙어서는 승산이 없다고 판단하고, 육지와 튀로스를 잇는 제방을 쌓았

폼페이의 기둥과 그 곁을 지키는 두 개의 스핑크스.

다. 흥미로운 전설이 있다. 알렉산드로스가 꿈을 꿨는데, 반인반수의
사튀로스를 사로잡은 것이다. 예언가는 기뻐했다. 알렉산드로스가 '사
튀로스'를 잡은 것은 '튀로스'를 정복할 승리의 전조라고 믿었기 때문
이다. 다소 어이없는 꿈과 해몽이지만, 어쨌든 알렉산드로스는 제방을
타고 튀로스를 공략하여 그 황당한 꿈과 예언이 진실임을 몸소 입증했
다.

튀로스에서 떠난 두 여인, 에우로페와 디도

튀로스는 유럽의 기원처럼 여겨진다. 먼 옛날 그곳을 다스리던 아게노

르 왕에게는 에우로페라는 아름다운 딸이 있었다. 그녀의 미모에 반한 제우스가 멋진 황소로 변해 그녀에게 접근했고, 호기심이 가득한 그녀는 황소 등에 올라탔다. 황소는 그녀를 태우고 갑자기 바다로 뛰어들었고, 수많은 곳을 이리저리 돌아다니다가 크레타에 도착했다. 그곳에서 에우로페는 미노스를 낳았고, 미노스는 에게해를 지배하는 왕이 되었다. 크레타를 포함해서 그리스 전역, 나아가 서쪽 대륙 전체가 그녀의 이름 '에우로페Europe'를 따라 불렸고, 지금의 '유럽'이 되었다. 이는 유럽 문명의 기원이 동방에 있음을 암시한다. 실제로 그리스의 문명을 꽃피운 알파벳도 동방의 페니키아에 기원을 둔다.

에우로페의 아버지 아게노르는 원래 이집트 출신이었다고 한다. 그의 쌍둥이 형인 벨로스가 이집트 왕이 되자, 아게노르는 형과의 권력 다툼을 피하기 위해 튀로스로 이주했던 것이다. 아게노르의 어머니는 뤼비아였는데, 그녀의 이름 자체도 아게노르의 출신이 아프리카임을 보여준다. 이 또한 문명의 흐름을 신화에 담아낸 일종의 상징으로 이해한다면, 페니키아 문명에 이집트 문명의 영향이 있었음을 암시한다고 할 수 있겠다. 하지만 그리스인들의 신화는 유럽 문명의 시원을 페니키아에서 이집트까지로 소급하는 것에서 끝나지 않는다. 궁극적으로는 그리스 쪽에서 모든 문명이 발원한 것처럼 보여주기 때문이다. 뤼비아의 아버지는 이집트의 왕 에파포스이고, 에파포스는 제우스와 사랑을 나눈 이오의 자식인데, 이오가 바로 그리스 땅 아르고스 출신이기 때문이다. 결국 에우로페는 페니키아의 공주이기 이전에 그리스의 혈통을 가진 여인이었다. 이집트 문명과 메소포타미아 문명에 뿌리를 둔 페니키아 문명의 원천을 그리스로 연결시키는 고대 그리스인들의 상상력은 자민족 중심주의적 역사관과 깊은 관련을 맺고 있는 셈이다.

어쨌든 에우로페의 고향 튀로스는 페니키아의 중심지였다. 디도는 그곳의 왕 벨로스의 딸이었다. 쉬카이오스라는 부자와 결혼했지만, 행복한 그녀의 신혼 생활은 오빠의 잔혹한 욕망 때문에 산산조각이 났다. 오빠는 쉬카이오스의 막대한 재산을 가로채기 위해 그를 죽였던 것이다. 비명횡사한 쉬카이오스는 억울함 때문에 하데스로 내려가지 못하고, 아내인 디도의 꿈에 나타나 모든 사실을 낱낱이 알렸다. "나를 죽인 오빠가 당신도 노리고 있소. 내 재산과 함께 멀리 달아나시오." 꿈에서 깨어난 디도는 남편의 죽음을 슬퍼할 틈도 없이 목숨을 부지하기 위해 황급히 배를 타고 서쪽으로 달렸다. 그녀가 도착한 곳이 바로 카르타고, 지금의 튀니지 땅이다. 나는 비행기 안에서 내내 그녀의 슬픔과 절망, 두려움, 분노를 상상하며 심장이 두근거렸다.

카르타고에 도착한 디도는 뷔르사 언덕에 왕궁과 요새를 세우며 새로운 나라를 건설했다. 역사학자들은 카르타고가 세워진 시기를 대략 기원전 814년 정도로 잡는다. 역사적으로 카르타고는 페니키아의 식민 도시로 출발하여 가히 해양 제국이라 할 만한 막강한 국가로 성장했다. 기원전 300년경에는 북서부 아프리카를 거점으로 이베리아반도 남쪽과 이탈리아반도 앞에 포진해 있는 사르디니아, 코르시카, 시칠리아, 몰타를 통제하고 있었다. 그때 고대 세계의 지중해는 양분되어 있었다. 동쪽을 그리스가 지배했고, 서쪽은 카르타고를 중심으로 한 페니키아인들의 영역이었다. 동방에서 시작된 페니키아 문명은 그 절정을 카르타고에서 이룬 셈이다. 이런 상황 속에서 그리스와 카르타고의 충돌은 피할 수 없었다. 기다란 장화처럼 생긴 이탈리아반도의

카라타고 군항Cothon의 상상도.
카르타고에는 평탄한 해안을 원형으로 파서 만든 군항이 있었다.
한가운데 군함을 수용하는 섬을 중심으로 동심원적 구조를 이룬다.
라틴어 Cothon는 땅을 파서 만든 인공 항구를 가리키는 일반명사가 되었다.

앞코에 있는 시칠리아섬이 그리스와 카르타고가 '맞짱'을 떴던 격전지였다. 그 섬도 결국 동쪽은 시라쿠사를 중심으로 한 그리스가, 서쪽은 카르타고가 차지하며 양분되었다.

디도와 아이네아스 이야기

그리스와 카르타고가 지중해를 나눠 지배하고 경쟁하는 동안, 로마는 아주 보잘것없는 작은 도시에 불과했다. 디도 신화가 보여주듯, 페니키아가 지중해 서쪽으로 세력을 넓혀 카르타고를 세웠을 때(기원전 814

년경)로부터 61년이 지난 기원전 753년에서야 늑대의 젖을 먹고 자랐다는 로물로스가 로마를 세웠다. 그때 로마는 나라라고 말하기도 민망할 수준이었다. 그러나 로마는 '장화' 속에 갇혀 있지 않고 나와 그리스와 카르타고를 제압하고 마침내 지중해 전체를 '우리의 바다mare nostrum'로 만들었다. 원래 이 말은 로마가 바다로 진출하여 카르타고를 이기고 사르디스와 코르시카, 시칠리아를 정복한 후, 이 세 섬과 이탈리아반도로 둘러싸인 튀레니아 바다를 가리키던 말이었다. 그러나 악티움 해전에서 로마가 이집트를 근거지로 한 그리스의 프톨레마이오스 왕국을 무너뜨리자, 지중해 전체가 로마의 '우리의 바다'가 된 것이다.

그 역사의 주인공은 로마를 제국으로 만들고 최초의 황제가 된 아우구스투스였다. 공화정파의 서슬이 퍼런 상황에서 카이사르조차 그들의 칼날에 쓰러졌으니, 아우구스투스가 권력을 잡고도 대놓고 황제라고 나설 수가 없었다. 그는 자신의 권위를 드높이기 위해 시인 베르길리우스를 불렀다. 로마가 천하를 지배할 제국이 되고, 자신이 황제의 자리에 오르는 것이 읍피테르(제우스)의 뜻임을 만천하에 천명할 웅장한 영웅 서사시를 위해서였다. 베르길리우스가 선택한 주인공은 트로이아의 영웅 아이네아스였다. 그는 앙키세스의 씨를 받은 아프로디테, 즉 베누스가 낳은 아들이었다.

10년 동안 지속되던 트로이아 전쟁은 그리스의 지장 오뒷세우스가 짜낸 트로이아 목마 작전으로 끝났다. 그리스 전사들이 숨어 있던 거대한 목마를 트로이아인들이 전리품이라 착각하고 도성으로 끌어들인 것이 패인이었다. 승리감에 도취되어 흥청망청 승전의 향연을 벌인 대부분의 트로이아인들은 그리스인들에게 무참히 도륙당했다. 간신히 목숨을 구한 사람들은 새로운 트로이아를 찾아 나섰다. 그 선봉에 선 이가 바로 아이네아스였다. 트로이아를 떠나 여러 해 동안 에게해 지중해 동쪽을 떠돌던 아이네아스 일행은 거센 폭풍으로 시달리다가 카르타고에 도착했다. 그는 새로운 도시를 건설하던 디도를 만났다. 디도는 아이네아스 일행을 궁전에 초대해 잔치를 벌였고, 그로부터 트로이아의 최후에 관한 이야기를 들었다. 디도는 아이네아스에게 매료되었고, 둘은 뜨겁게 사랑을 나누었다.

우리 일행이 뷔르사 언덕에 도착하여 도성의 잔해를 바라보았을 때, 내 머릿속에서 디도와 아이네아스의 만남과 사랑의 서사가 자연스럽게 펼쳐졌다. 언덕에서부터 경사를 타고 넓게 펼쳐지는 평원과 그 끝자락에 햇빛을 받아 반짝이는 지중해가 내려다보이자, 그 해안선에 배를 댄 아이네아스 일행이 지친 몸을 이끌고 언덕으로 올라오는 장면이 그려진다. (물론 지금의 잔해는 나중에 로마인들이 지은 건물 가운데 남아 있는 것이긴 하지만) 내가 서 있는 이곳 어디쯤에서 둘은 만나고 사랑했겠지. 그러나 1년 동안 카르타고에 머물던 아이네아스는 디도를 떠나야만 했다. 읍피테르가 그에게 이탈리아로 가서 새로운 트로이아를 건설하라고 명령했기 때문이다. 아이네아스가 세울 제2의 트로이아는 먼 훗날 로마가 될 운명이었다. 그가 떠나는 것을 견딜 수 없던 디도는 그를 원망하고 증오하며 스스로 목숨을 끊었다. 그렇게 카르타고와 로마는 앙숙이 될 판이었고, 마침내 그녀의 원한은 세 차례에 걸친 포에니 전쟁(기원전 264~146년)으로 터져버렸다. 카르타고의 한니발이 코끼리 부대를 이끌고 알프스산맥을 넘어 로마를 위협했던 것도 디도의 원한에

지중해가 내려다보이는 뷔르사 언덕의 카르타고 옛 도성 유적.
이곳에서 디도와 아이네아스의 만남과 사랑의 서사가 펼쳐졌다.

서 비롯된 셈이다. 그러나 아이네아스의 후손들은 디도의 후손들보다 강했다. 로마는 카르타고를 완벽하게 제압했고, 카르타고의 흔적을 철저하게 지운 다음, 그곳에 로마를 입혔다.

로마의 건국 시인 베르길리우스를 만나다

베르길리우스가 서사시 안에 그려낸 아이네아스는 아우구스투스의 조상이며 전조였고 현신現身이었다. 베르길리우스는 아우구스투스가 로마의 황제가 되어 전 세계를 지배하는 일은 먼 옛날 천상의 윱피테르가 지상의 아이네아스에게 내렸던 지엄한 명령을 완성하는 일이었다고 웅장한 어조로 노래했다. 이 과정에서 시인의 상상력은 역사의 시간을 뒤엉켜놓았다. 기원전 12세기경, 트로이아를 탈출한 아이네아스를 영접한 디도가 카르타고를 세운 것은 기원전 814년의 일이기 때문이다. 역사 속에서는 도저히 만날 수 없는 두 사람은 위대한 시인의 과감한 상상력 안에서 운명적으로 만날 수 있었다. 허구적 서사는 역사적 진실을 압도하며 로마인들을 사로잡았다. 기원전 753년에 로마를 세운 로물로스는 16대를 거슬러 올라가 아이네아스의 혈통에 잇닿게 되었고, 로마의 역사는 그리스와 맞서 물러섬이 없었던 강국 트로이아를 뿌리로 갖게 된 것이다. 게다가 트로이아는 애초에 이탈리아 혈통의 후손이 소아시아에 세운 도시라고 한다. 트로이아를 세운 다르다노스가 윱피테르의 아들인데, 그의 원래 고향이 이탈리아반도였다는 것이다.

바르도 국립박물관에 도착했을 때, 뜻밖에도 나는 베르길리우스를 만났다. 사진으로만 보았던 베르길리우스의 모자이크가 여기에 있다니! 역사의 무사 클레이오와 비극의 무사 멜포메네 사이에 앉아 있는 베르길리우스의 손에는 두루마리가 들려 있고, 거기엔 로마 건국 서사시 〈아이네이스〉의 한 구절이 적혀 있다.

무사여, 내게 그 이유를 말해다오,
신성이 어떤 상처를 입었기에…

Musa, mihi causas memora, quo numine laeso quidve …

밀려오는 감동에 넋을 잃고 그 앞에 한참을 서 있었다. 포에니 전쟁 이후, 카르타고는 완전히 로마의 도시가 되었다. 그런 까닭에 지

튀니지 엘젬에 로마인들이 세운 콜로세움.

금의 튀니지는 수많은 이슬람 유적들 사이로 그에 못지않게 많은 로마의 유적들을 품고 있다. 물을 중시하던 로마인들이 만든 거대한 수조La Malga, 도시에 물을 공급하던 수도교Aquaeductus, 로마 황제 안토니우스 피우스의 거대한 해안 목욕탕, 그리고 무엇보다도 엘젬에 있는 콜로세움이 튀니지를 또 하나의 로마로 만들고 있었다.

19

로마를 꿈꾸다

::::: 몰타 :::::

오뒷세우스가 갇혀 있던 고조섬

튀니지에서의 이틀째, 안토니우스 목욕탕에 들렀다. 바닷가에 세워진 거대한 목욕탕 유적은 아프리카 북부에 찍힌 로마 문화의 흔적을 선명하게 보여주었다. 규모가 엄청나다. 북아프리카에 세워진 로마의 목욕탕으로는 최고이고, 로마제국 전체를 통틀어 세 번째 규모라고 한다. 오현제伍賢帝 중 네 번째 황제였던 안토니우스 피우스(재위 138~161년)가 세웠기에 그의 이름이 붙었는데, 커다란 돌덩이에서 그의 이름을 확인할 수 있었다. 로마의 영광이 부러웠던 것일까, 그 옆에는 현 튀니지 대통령의 관저가 경쟁하듯 역시 엄청난 규모를 자랑하며 높은 담벼락에 둘러싸여 있다. 따뜻한 물에 몸을 담근 채 지중해의 바닷바람을 맞으면서 한가로이 풍경을 즐겼을 로마인들의 모습이 선명히 떠올랐다. 광활한 목욕탕의 흔적을 이리저리 다니며 너무도 생생하게 상상했기 때문일까, 나는 그만 감기에 걸리고 말았다.

목소리를 잘 낼 수 없는 감기를 안고 내내 힘들게 돌아다닌 튀니지에서의 3박 4일 일정을 마치고, 제주도 6분의 1 크기의 작은 섬나라 몰타로 떠났다. 비행기 안에서 나는 세 사람의 모험을 떠올렸다. 첫번째는 트로이아 전쟁에서 목마 작전을 세웠던 오뒷세우스였다. 10년 전쟁을 끝내고 집으로 돌아가던 중, 오뒷세우스 일행은 곧바로 집으로 돌아가지 못하고 3년 동안 지중해 이곳저곳을 헤매고 다녀야 했다. 외눈박이 거신 퀴클롭스들이 사는 섬에 들렀다가 여러 동료들이 그에게 잡아먹혔고, 마법에 능한 키르케의 궁에서는 동료들이 돼지로 변하는 봉변을 당하기도 했다. 좁은 해협으로 급한 물살이 오가는 곳에서는 스퀼라와 카립디스에게 수많은 동료들이 죽임을 당했다. 심지어 죽은 자들만이 가는 저승의 세계, 하데스까지 내려갔다.

튀니지 국립박물관에서 보았던 모자이크 가운데에는 아름다운 목소리로 노래를 부르며 뱃사람들을 홀린 뒤에 잡아먹는 세이렌들이 오뒷세우스를 유혹하는 장면이 있었다. 세이렌의 노래는 듣고 싶지만, 그 대가로 목숨을 내놓고 싶진 않았던 오뒷세우스는 동료들에게 귀를 밀랍으로 틀어막고 노를 저으라고 명령한 뒤, 자신은 돛대에 묶인 채로 세이렌의 곁을 지나갔다. 감미롭고 매력적인, 그러나 치명적인 세이렌의 노랫소리에 오뒷세우스는 몸부림쳤다. 그를 묶은 밧줄이 그의 목숨을 구했다. 그게 아니었다면 오뒷세우스는 바다로 뛰어들어 세이

모자이크 작품 〈오뒷세우스와 세이렌〉,
튀니지 바르도 국립박물관 소장. 위키피디아.

렌의 먹이가 되었을 것이다.

태양의 신 헬리오스 신의 섬에서 신성한 소를 잡아먹은 동료들 탓에 오뒷세우스는 혹독한 폭풍에 시달려야 했다. 결국 그의 배는 난 파되었고 불경을 저지른 동료들은 모두 물고기의 밥이 되고 말았다. 모든 것을 잃은 그가 표류하다가 구사일생으로 홀로 도착한 작은 섬이 바로 몰타 북쪽에 있는 고조섬이라고 한다. 몰타에서 페리를 타고 10 분 정도 가면 고조섬에 도착한다. 두 섬 사이에는 코미노라는 작은 섬 도 있다. 오뒷세우스는 그곳 고조섬에 7년을 갇혀 있었다. 분명 억류인 데, 그게 좀 묘하다. 그를 붙잡아둔 이가 아름다운 여신 칼립소였기 때 문이다. 그녀는 오뒷세우스를 처음 본 순간 반했고 함께하길 원했다. 매일이 축제였다. 맛있는 음식과 아름다운 요정들의 시중, 그리고 칼

오뒷세우스가 7년 동안 갇혀 있었던 고조섬의 해안.

립소와의 뜨거운 사랑. 이보다 더 달콤하고 짜릿한 낙원이 또 있을까? 이런 감금이라면 대박이 아닌가! 그런데 어쩐 일인지, 오뒷세우스는 모든 향락의 시간이 지나면 한밤중에 몰래 칼립소의 동굴을 빠져나와 멀리 고향을 바라보았다. 그곳에는 그가 참전하며 두고 온 아내와 아들이 있었다. 그는 사무치게 귀향을 원했다. 쾌락의 절정을 매일 누렸지만 애타는 그리움을 잠재우진 못했다.

결단의 시간이 왔다. 칼립소는 그를 곁에 두기 위해 파격적인 제안을 했다. "그대가 나와 이곳에 머문다면, 신들이 먹고 마시는 암브로시아와 넥타르를 주겠다. 그러면 그대는 신처럼 영생할 것이다."암 브로시아와 넥타르는 불로불사不老不死의 효능이 있다고 전해지는 신비로운 식물食物과 음료다. 죽을 수밖에 없는 인간에게 영생은 간절한 꿈이다. 게다가 아름다운 여신과 풍요로움이 영원히 보장된다니, 망설일 이유가 있을까? 그러나 오뒷세우스는 단호했다. "당신은 아름답고 그대와의 영원한 삶은 달콤하지만, 그래도 난 집으로 돌아가겠소."그의 결단을 되새기면서, 나는 고조섬의 우뚝 솟은 바닷가 절벽에서 멀리 지중해를 바라보았다. 불멸의 삶을 버리고 필멸의 세계로 돌아가려는 오뒷세우스, 유한하기에 무한한 삶보다도 더 찬란한 것이 우리 인간들의 삶이라는 듯이 그는 안락한 섬을 박차고 거친 바다로 뛰어들었다. 그의 선택이 옳을 수도 있다. 끝이 있기에 지금 여행도 기쁨이 되고 아쉽고 절실한 것일 테니 말이다.

새로운 트로이아를 찾는 아이네아스

두 번째 인물은 아이네아스였다. 그는 10년 동안 오뒷세우스와 싸웠던 트로이아의 왕족이다. 목마 작전에 무너져 불타는 트로이아를 버리고 새로운 트로이아를 건설하기 위해 모험을 떠났다. 트로이아를 무너뜨린 것은 그리스인들의 목마 작전이었고, 그 작전을 짠 사람은 바로 오뒷세우스였다. 둘의 항로는 여러 부분에서 겹친다. 오뒷세우스의 동료들이 목숨을 잃었던 퀴클롭스의 섬(시칠리아), 그리고 스퀼라와 칼륍디스의 해협을 아이네아스는 무사히 스쳐 지나갔고, 죽은 자들의 세계인 하데스도 오뒷세우스가 들른 뒤 몇 년 후에 아이네아스도 들렀다고 하니 말이다. 아이네아스는 크레타를 거쳐 이탈리아 남부 시칠리아에 기항한 후, 그곳을 떠나 카르타고(튀니지)로 갔다. 그 항로 가까이에 몰타가 있었다. 시칠리아 남쪽에 있는 몰타에 아이네아스가 들른 것은 아니지만, 왠지 그 곁을 지나갔을 것만 같다. 그때 오뒷세우스는 고조섬에 갇혀 있었다. 아이네아스가 배를 타고 가다가 그 섬을 바라보고, 그 섬에 있던 오뒷세우스도 아이네아스의 배를 바라보았을 것만 같다. 기약 없는 상황에서 전쟁의 승자도 패자도 아무것도 모른 채 서로를 응시하고 있는 상상은 운명처럼 내 마음을 설레게 했다.

그렇게 몰타와 고조섬을 지나친 아이네아스는 마침내 카르타고에 도착했고, 그곳에서 디도를 만나 사랑에 빠졌다. 둘은 함께 새로운 도시를 건설하며 사랑과 성취를 만끽하면서 행복한 나날을 보내고 있었다. 그러나 아이네아스에게도 결단의 시간이 왔다. 천상의 읍피테르가 아이네아스에게 새로운 트로이아 건설을 위해 당장 디도를 떠나라고 명령했다. 신의 뜻을 따를 것인가, 아니면 사랑을 택할 것인가? 오뒷세우스가 칼립소를 버리고 고향으로 향한 것처럼, 아이네아스도 디도를 떠나기로 결심한다. 사랑을 버리고 조국의 재건을 선택한 것이다. 그가 향한 곳은 이탈리아반도 중부 동쪽 해안이었다. 그가 세운 도시는 수백 년 후에 로마가 되었고, 지중해 서부의 패권을 놓고 카르타고와 세 차례에 걸쳐 포에니 전쟁을 벌였다. 사랑을 나누던 디도와 아이네아스는 헤어지면서 원수가 되더니, 마침내 그들의 자손들이 사생결단의 전쟁을 치른 것이다. 이 과정에서 카르타고의 영토였던 몰타는 기원전 218년에 로마의 손에 넘어갔다.

새로운 예루살렘을 꿈꾸던 바울

세 번째 인물은 〈신약성서〉의 바울이다. 서기 59년, 바울은 아이네아스의 후손이 세운 도시 로마로 가고 있었다. 당시 로마는 거대한 제국의 위용을 자랑하던 지중해 세계의 중심지였다. 바울은 재판을 받기 위해 그곳으로 갔지만, 기독교를 전파하려는 원대한 종교적 목표를 품고 있었다. 이스라엘의 시돈에서 출발한 바울 일행은 키프로스섬과 소아시아 남부 해안 사이를 지나 크레타를 거쳐 로마로 가던 중, 광풍을 만나 표류하다가 난파되어 죽을 뻔했다. 그의 일행이 간신히 목숨을 건질 수 있었던 것은 가까이 몰타가 있었기 때문이었다. 그곳에서 바울은 3개월을 머물렀다.

단단한 요새로 조성된 작은 마을 임디나는 바울이 몰타에 온 것을 온통 기념하고 있었다. 마을로 통하는 정문 위에는 바울의 모습이 부조로 새겨져 있다. 난파한 배에서 빠져나온 그가 섬에 도착하여 불을 피우다가 장작에서 나온 독사에 물리는 장면이다. 사람들은 폭풍 속에서 구사일생으로 간신히 살아난 그가 뱀에 물린 것을 보니, 아마도 살인죄를 지었기에 정의의 여신 디케의 벌을 받아 죽을 것이라고 야단이었다. 그러나 바울은 아무렇지도 않다는 듯, 독사를 떼어내어 불 속에 던져버렸고, 그는 죽기는커녕 조금의 상함도 없이 멀쩡했다. 사람들은 깜짝 놀랐고, 독사에 물려도 죽지 않는 그를 불사의 신이라고 생각했다. 게다가 바울은 몰타의 총독이었던 푸불리우스의 아버지가 앓던 병을 치료해주었다. 무슨 의술을 부린 것이 아니라 손을 얹고 기도했을 뿐이었다. 그뿐만이 아니라 수많은 병자들을 고쳐주었다. 총

임디나 정문에는 바울의 모습이 새겨져 있다.

임디나 바울 대성당.

독과 섬사람들은 회복의 기적에 경탄과 감사를 보내며, 그가 가르치는 기독교를 받아들이고 독실한 신도가 되었다.

흥미로운 것은 바울의 행적을 기록한 〈신약성서〉의 표현들이다. 〈사도행전〉의 저자인 누가는 바울의 배에 닥친 광풍을 '아네모스 튀포니코스anemos tuphonikos'라고 표현했는데, 그리스 로마 신화에 나오는 거대한 괴물 '튀폰Tuphōn'을 연상시킨다(그리고 '튀폰'은 '태풍'을 연상시킨다!). 튀폰이 벌떡 일어서면 머리가 하늘에 닿았고, 두 팔을 쫙 펴면 동쪽과 서쪽 끝에 닿았다고 한다. 일찍이 제우스는 튀폰과 싸우다가 붙잡혀 사지의 힘줄이 모두 끊기기까지 했다. 간신히 회복한 제우스가 마침내 튀폰을 물리치긴 했지만, 제우스에게 그만한 타격을 가한 존재는 그리스 로마 신화 전체에서 튀폰 이외에는 없다. 바울이 이런 괴물 같은 튀폰의 치명적인 입김을 이겨낸 것이다.

한편, 몰타에서 바울을 문 독사는 '에키드나Ekhidna'로 표현했는데, 이는 괴물 튀폰의 아내 이름이기도 하다. 튀폰과 에키드나 사이에선 네메이아의 사자와 휘드라, 케르베로스, 스핑크스, 키마이라 등 무시무시한 괴물들이 태어났다. 헤라클레스와 벨레로폰테스, 오이디푸스와 같은 영웅들이 바로 이런 괴물들을 무찌르고 그리스 로마 신화를 빛내는 영웅들이 되었던 터이다. 그런데 바울은 그런 영웅들이 대적한 괴물들의 어머니 에키드나에게 물리고도 멀쩡했고, 간단히 제압해 불에 태워버렸다. 누가는 바울의 행적을 그리스어로 썼는데, 그가 염두에 둔 독자들은 로마제국에 살던 사람들, 즉 그리스 로마 신화에 익숙한 사람들이었다. 따라서 누가의 서사를 읽는 독자들은 바울이 그리스 로마 신화의 거대한 두 괴물을 이겨낸 위대한 '기독교적 영웅'이라고 생각했을 것이 틀림없다. 그런 맥락에서 바울은 폭풍을 이겨내며 모험에 성공한 그리스의 영웅 오뒷세우스와 로마의 영웅 아이네아스에 비견되었을 것이다.

우연치 않게 바울은 아이네아스와 비슷한 사명을 가지고 있었다. 아이네아스가 멸망한 트로이아를 버리고 '새로운 트로이아'를 건설하기 위해 '로마가 될 곳'으로 갔듯이, 바울은 예수를 죽임으로써 종교적 가치와 상징성을 잃어버린 예루살렘을 떠나 로마로 갔고, 로마에서 기독교를 전함으로써 로마를 '새로운 예루살렘'으로 세우려고 했으니 말이다. 이에 앞서 예수는 로마의 초대 황제 아우구스투스의 시절에 태어났다. 아우구스투스는 지상에 거대한 제국을 건설하고 그 위에 군림하였고, 시인들은 그를 '지상의 윱피테르'라고 불렀다. 그 거대한 제국의 식민지에서 보잘것없는 목수의 아들로 태어난 예수는 지상의 거대한 제국을 무색하게 만들 '천상의 왕국'을 전파했다. 흥미로운 일이 아닐 수 없다. 로마제국 치하에 있던 예루살렘은 예수를 십자가에 못 박아 죽였지만, 죽은 예수는 부활하여 승천했고 하늘나라의 주인이 되었다니 말이다. 바울은 로마제국의 한복판으로 가서 서슬 퍼런 로마제국의 시민들에게 황제 위에 예수의 지존됨을 설파했다. 결국 바울의 순교를 바탕으로 로마는 기독교 국가가 되었고, 지금까지도 바티칸은 가톨릭의 중심지로 우뚝 서 있다. 새로운 예루살렘이 건설된 셈이다.

로마를 꿈꾸며

그리스에서 출발하여 이집트를 거쳐 몰타까지, 두 차례에 걸친 그리스와 지중해 문명 탐사 여정을 이제 마무리해야 할 시간이다. 역사적인 순서로 따지면, 미노아 문명의 요람이었던 크레타에서 시작하여, 그리스 본토를 무대로 한 최초의 그리스 문명인 뮈케네 문명을 지나, 아테네의 황금기를 여행한 셈이다. 그리고 아테네의 몰락 이후 혼란스러웠던 그리스를 통합하고 동방 원정을 떠나 거대한 헬레니즘 제국의 초석을 닦은 알렉산드로스의 발자취의 일부를 따라갔으며, 카르타고를 제압하고 지중해의 서부를, 그리고 마침내 그리스를 제압하며 지중해 전체를 자신의 바다로 삼았던 로마의 힘을 맛보았다. 마지막 답사지였던 몰타를 떠나 인천으로 돌아오면서 나는 아이네아스와 바울처럼 로마로 갈 꿈을 꾸었다. 지중해 문명은 로마에서 정점에 이르렀다고 할 수 있으니 말이다. 이미 로마를 세 번이나 방문한 적이 있지만, 새로운 안목으로 로마를 구석구석 다시 보고 싶다. 도시 로마를 벗어나 지중해 전역에서 로마의 흔적을 찾는 답사 여행을 떠날 수 있다면 서양고전학자로서의 내 삶은 더욱더 충만해질 것 같다.

그리스 로마 문명의 흔적을 찾아다니는 일은 비단 서양 고대 문명에 대한 향수에 그치는 것은 아닐 것이다. 그리스로부터 시작된 문명은 에게해를 중심으로 꽃피어 전체 지중해 세계를 압도했고, 로마로 계승되어 현재의 서구를 만들어냈으며, 지금 '세계화'의 거대한 물결을 주도하는 큰 힘의 뿌리 깊은 원천이기 때문이다. 게다가 세계화 시대라 불리는 현재 인류의 문명이 상당 부분 서구 문명을 표준으로 삼고 있는 것이 현실이라면, 그리스 로마 문명에 대한 이해는 지금 우리의 정체성을 이해하고 형성하는 데 필수적인 요소가 될 것이다. 따라서 한반도에 사는 우리가 우리의 역사를 깊이 이해하고 통찰하며 미래의 전략을 세우는 일이 긴요하다면, 현재의 서구와 현재의 서구를 있게 한 그리스 로마 문명을 읽어내는 일 또한 긴요한 일이 아닐 수 없다.

두 번에 걸쳐 그리스 문명을 중심으로 지중해 문명 탐사를 진행했고, 그 결과를 추려 담아낸 글에 이제 마침표를 찍는다. 하지만 그 이후를 기약하자. 나는 나대로 채움의 작업을 해나가겠지만, 이 글의 독자 역시 나름의 새로운 방식으로 채워 나갈 수 있기를 바란다. 마지막에 거창하게 이야기했지만, 사실 그런 의미 따위는 다 잊고 그리스 로마 문명의 흔적을 찾아가 보며 시간여행을 하는 것은 그냥 그 자체로 흥미롭고 매력적인 일이며, 한 개인의 삶에서 지워지지 않을 진한 추억을 남길 수 있다는 것만으로 충분히 가치 있고 의미 있다. 그런 기회가 여러분에게 꼭 주어지기를 진심으로 바란다!

7대 불가사의(7가지 장관)
57, 153~154, 160, 164

가이아 82, 122, 174
가이우스 율리우스 아퀼라
149~151
게리온 37
고조 16, 261, 263~266
그라니코스 전투 240
그리스 고전기 12~13, 105,
215, 239
그리스 신화 15, 71, 108,
120, 184, 188, 190, 244,
251, 269
《그리스인 조르바》 194
김나시온 58

나자렛 156
낙소스 59, 136, 140~141,
183, 199, 205
네로 62, 65, 156, 158,
182~183
네메이아 12, 21~22, 36,
39~40, 42~43, 48, 56, 103,
126
  네메이아 사자 36~39,
  42, 54, 269

네메이아 유적지 도면 45
네메이아 제전 11~12, 28,
35~36, 39~40, 42~47
네메이아 제전의 스타디온
45~47
넥타르 265
누가 269
뉘사산 52
님페 16, 22, 117

다레이오스 137, 140, 214
다이달로스 152, 190~191
다티스 122, 140
다프네 123
데메테르 108~110,
112~114, 251
  데메테르 신전 105~106,
  111
데메트리오스 160, 246
데우칼리온 118
델로스 122, 131, 133~144,
146, 162, 183, 196~199,
205, 211~212, 215, 218
  델로스 동맹 105, 137,
  141~142, 145, 147, 215
델리아 142
델피 11, 22, 28, 56,
102~103, 115~116, 119,

121~126, 128, 131, 142,
147, 177, 179, 188, 201, 244
델픽 제전 128
도리아 양식 23~24, 44~45,
57, 66, 68~69, 172, 221
도미티아누스 황제 157~158
디도 251~252, 254~255,
257~259, 266
디아고라스 162
디오게네스 25~26
디오뉘소스 29, 52, 114,
199~200, 226~228, 251
  디오뉘소스 극장 95, 97,
  149, 223~226, 230~232
  디오뉘소스 제전 12,
  226~227, 231
디케 267

라비린토스 189~190, 192
라파엘로 119~120
라피테스 50, 52
레네이아 133, 136
레아 126, 134, 187
레오니다스 59, 104, 140
레오니다이온 59
레토 121~122, 134~135,
196
로마 9, 14, 36, 39, 42, 58,

62, 64, 76~77, 94, 101,
127, 137, 141, 148~149,
151, 157, 168, 182~183,
224, 237~238, 248, 251,
255~262, 266~267,
270~271
　로마 신화 15, 105, 108,
　269
　로마제국 95, 261,
　269~270
　로물로스 256, 259
뤼디아 179
뤼비아 253
뤼시마코스 149
뤼케이온 246
린도스 169~177, 180, 183

마라톤 140, 214
마르도니오스 137
마르쿠스 아우렐리우스 238
마케도니아 24, 57, 137,
153, 239, 245
메넬라오스 81, 84, 186, 245
메데이아 72~73, 186, 202
메디아 179
메티스 174, 221
멜레토스 196
멜리소스 32
멜리케르테스 29~30
멜포메네 259
멤피스 245
몰타 14, 16, 168, 183, 239,
254, 261~263, 266~267,

269, 271
무사 여신 118~120, 123,
246~247
무세이온 246
무시케 118
뮈르미도네스 23
뮈손 178, 180
뮈스테리아 114
뮈칼레 215
뮈케네 12, 77~83, 85~89,
103, 189, 205
　뮈케네 문명 12, 77, 80,
　88, 205, 271
뮈틸레네 178, 180
므네모쉬네 119, 246
미노스 142, 152, 184, 189,
191~192, 196, 199~200,
203, 205, 253
　미노스 문명 192~193
미노아 문명 12, 184, 189,
194, 205, 271
미노타우로스 142,
190~192, 194, 196~198,
205, 210~211
밀교의식 72, 102, 113~114
밀레토스 151~152, 175,
177, 180
밀티아데스 214

바르도 국립박물관 259, 263
바르바로스 26~27
바울 32~33, 75~76, 155,
182~185, 267~271

바티칸 120, 270
범그리스 4대 제전 11~12,
21, 26~28, 56, 64, 102
베누스 256
베르길리우스 256, 258~259
벨로스 253~254
불리아그메니 131
뷔르사 254, 257~258
비아스 178, 180

사르니코스만 132
사르디니아 254
사튀로스 252
산토리니 12, 183, 195,
205~210
살라미스 103~105,
111~112
　살라미스 해전 102, 105,
　140
《성모 마리아의 생애》 156
성모 마리아의 집 156~157
《성서》 118, 267, 269
세라페움 251
세라피스 251
세례요한 166
세멜레 29, 52, 199
세이렌 262~263
소크라테스 142~143, 168,
195~198, 210~215, 222
　소크라테스의 감옥 213
소포클레스 86~87, 231~232
솔론 175, 178~180
수니온곶 131

쉬카이오스 254
슐리만, 하인리히 78~79,
82~84, 86, 189
스퀼라 262, 265
스타디온(스타디움) 31, 35,
43~47, 50, 53~55, 57, 60,
62, 97~99, 123, 127~128
스튁스강 164
스트라본 148
스파르타 24, 27, 29, 52, 81,
84, 104, 140~141, 147~148,
178, 180, 186, 204, 214,
219, 222, 229~230, 239
스핑크스 37, 125~126, 244,
251~252, 269
시쉬포스 22, 28~29, 73, 75
시칠리아 64, 168, 240, 254,
256, 265~266
십자군 전쟁 166

아가멤논 17, 78~79, 81~88,
186
아게노르 252~253
아고라 64, 76~77, 113, 149,
226~227
아나톨리아반도 140
아드메토스 94
아라호바 103, 115~117,
131
아르고스 40~41, 80, 184,
253
아르시노에 241~242
아르케모로스 41

아르타페르네스 140
아르테미스 73, 84, 92, 97,
106, 122, 133~135, 146,
153, 155, 196
아르테미스 신전
153~155, 165
아리스탄드로스 245
아리스토텔레스 246
아리아드네 192, 199~200
아소포스 22, 29, 73, 75
아스클레피에이온 95~97,
99, 101
아스클레피오스 89~98,
100~101, 212~213,
230~232
아스테리아 133~134
아스파시아 237
아우구스투스 77, 256, 258,
270
아이가이온산 187
아이게우스 200~204, 206,
210~211
아이글레 93
아이기나 21~24, 29, 63, 73,
103
아이네아스 251, 255~259,
265~267, 270~271
아이아코스 23
아이트라 201~202
아케소 93
아크로폴리스 10, 12, 97,
106, 112~113, 168~177,
213, 215, 218~219, 221,
223~224, 226

아킬레우스 17~18, 23, 32,
70
아테나 12, 23, 70, 174~176,
216~222
아테나 신전(린도스)
173~176
아테나 신전(아테네) →
파르테논 항목 참조.
아테나 여신상 12
아테네 4, 9~10, 12, 21~26,
28~30, 42, 52, 56, 65, 95,
97, 102~106, 113~115, 124,
126, 131, 133, 135~137,
140~143, 147, 149, 169,
175, 178~180, 191~192,
194~204, 210~211~224,
226~228, 230~233,
237~240, 246~247, 271
바다 위의 아테네 축제
175
땅 위의 아테네 축제 175
아테네 국립박물관 96
아테네 아크로폴리스 4,
10, 97, 169, 213, 224
제2의 아테나(알렉산드리
아) 240
아토스산 137, 214
아티카 22, 63, 131
아파이아 23~24
아폴로니아 축제 142
아폴론 11, 50, 91~92, 94,
96, 118~128, 133~135,
138~139, 142~143, 146,
162, 196~197, 211, 229, 232

아폴론 신전 11, 66~69, 72~75, 103, 122~125, 127, 147, 177~179, 188, 201
아프로디시아 제전 63, 71~72
아프로디테 63, 67, 70~73, 76
아피스 251
악티움 해전 256
안드로클로스 147
안테스테리아 113
안토니우스 피우스 14, 260~261
안티고노스 160
알렉산드로스 13, 24~26, 38, 57, 141, 148~149, 153~154, 160, 164, 175, 186, 215, 238~241, 244·246, 251··252, 271
알렉산드리아 13~14, 237~238, 240, 245~246, 248, 251
　알렉산드리아 도서관 150, 246~249
알크메네 37
알키노오스 16
알페이오스강 59
암몬 신전 246
암브로시아 264~265
암피아라오스 41
앙키세스 256
에게해 10, 24, 27, 30~31, 64, 67, 131, 133, 137, 141,

143, 146~147, 159, 191, 204~205, 207, 210~211, 215, 237~240, 253, 271
에레크테우스 218~219
에레크테이온 218
에로스 122
에리크토니오스 218~219
에메리히, 카테리네 156
에반스, 아서 189
에우로페 184~188, 252~254
에우뤼스테우스 37, 80~81
에우리디케 120
에일레이튀이아 134
에키드나 269
에테오클레스 41
에파포스 253
에페소스(에베소) 76, 146~149, 151~156, 165, 176, 183
　에페소스 극장 148~149, 224~225
에피다우로스 89~90, 95~99, 101, 103, 232~233
　에피다우로스 극장 99, 225
　에피다우로스 스타디온 98
에피메테우스 118
에피오네 93
엘레우시니온 신전 113
엘레우시스(엘레프시나) 102~103, 105~107, 110~115, 121
엘레프시나만 102
엘리스 54, 61, 80

엘젬 260
《영웅전》 245
예루살렘 159, 166, 267, 270
오뒷세우스 9, 15~18, 32, 132, 261~266, 270
《오뒷세이아》 15, 78
오르케스트라 98, 223~225
오르튀기아 134
오르트로스 37
오르페우스 120~121
오스만제국 166~167
오이디푸스 41~42, 125~126, 223, 229~230
오퀴로에 93~94
오렐테스 39~43
옥타비아누스 14
올림피아 11, 21~23, 48, 50, 56, 60, 65, 80, 90, 133, 165
　올림피아 제전 11, 26~29, 36, 48, 50, 52~56, 61~62, 121, 142, 162, 222
　올림피아 제전의 스타디온 55
올림피아스 153, 245
올림포스 61, 94, 108, 143~144, 199
올림픽 경기 26, 35~36, 47, 56~57, 128
옴팔로스 128~129, 188
요한기사단 166~168, 171
우라노스 71~72, 82, 126, 143, 174, 187~188
웁피테르(제우스) 256~259, 266, 270

이나코스 184
이노 29~30
이데아 134
이베리아반도 254
이소크라테스 25
이스트모스 25, 30, 63~65
이스트미아 11~12, 22, 24,
27, 29~31, 56, 64, 103
  이스트미아 제전 11, 21,
  28~33, 40, 42, 64, 121
《이스트미아 찬가》 32
이아소 93
이알뤼소스 175
이오 184, 186, 253
이오니아 양식 44, 58, 221
이집트 13, 101, 141, 165,
184, 186, 192, 237~241,
243~245, 248~251, 253,
256, 271
  이집트 신화 244, 251
이카로스 152~153, 164
  이카리아섬 152~153
이타키(이타케, 이타카)
131~132
이탈리아반도 64, 67, 77,
254, 256, 259, 266
인더스강 240
일곱 현인 176~181
《일리아스》 15, 78
임디나 267~268

제노도토스 247
제우스 11~12, 22~23,

29, 37, 39, 48~52, 54,
60, 70~71, 73, 75, 94,
108~109, 118~119, 121,
126, 133~134, 143~144,
162~164, 174~175, 182,
184, 186~189, 196, 221,
245~246, 253, 256, 269
  제우스 신상 57~59, 165
  제우스 신전 42~43,
  48~50, 52, 56~57, 61
지중해 13~14, 137, 141,
174, 182, 184, 237~240,
254~258, 262, 265~267,
271~272

찰스 5세 168

카레스 160
카뤼에스의 소녀들 219~220
카르타고 14, 239, 250,
254~259, 266, 271
  카르타고 군항 255
카륍디스 262
카메이로스 175
카이레폰 125
카이로 박물관 251
카이로회담 241
카이사르 14, 65, 248, 256
카잔차키스, 니코스 194
칼립디스 265
칼립소 16, 263~264, 266
칼리마코스 134

칼리오페이 120
케르베로스 37, 54, 269
케르카포스 175
케이론 93
켄타우로스 50~51, 92
켈레오스 113
켈수스 도서관 149~151
코로니스 91~92, 95, 232
코로이보스 53~54
코르시카 254
코린토스 11, 13, 21~22, 25,
28, 30~33, 63~77, 103, 121,
179~180
  코린토스 동맹 24~25
  코린토스 양식 44
  코린토스운하 30~31,
  65~66
콜로세움 260
콜키스 186
콥트어 241
쾰른 241
쿠사다시 147
쿠푸 243~244
퀴니코스 학파 25
퀴클롭스 82, 94, 262, 265
퀸토스산 134
크노소스 궁전 189~190,
193~194, 205
크라네이온 25
크레타 12, 82~83, 142,
152, 178, 182~184,
187~192, 194~200, 203,
205, 210~211, 239, 253,
266~267, 271

크로노스 71, 143, 187~188, 221, 246

크로이소스 124, 153~154

크리톤 212

크세르크세스 103~105, 140, 214

클라데오스강 59

클레멘스 7세 168

클레오도라 117

클레오볼로스 176~178, 180

클레오파트라 14

클레이오 259

클뤼타임네스트라 81, 83~87

키르케 262

키마이라 37, 73, 269

키클라데스 133

키타이론산 39

키프로스 166

킬론 178, 180

킬리키아 140

탄탈로스 60

탈레스 151~152, 175, 177~180

테르모퓔라이 전투 104, 140

테메테르 112

테미스토클레스 103

테베 41~42, 126

테살리아 50, 91

테세우스 29~30, 37, 50~51, 142, 191~192, 194, 196~205, 211

테오도시우스 1세 62

테오리스 142

테티스 23, 70

텔라몬 23

텔레마코스 아카르네아스 232

투탕카멘 251

튀니지 239, 251, 254, 259~263, 266

튀레니아 256

튀로스 184

튀린스 37

튀폰 36, 269

트로이아 27, 70, 78, 84, 186, 251, 256~259, 265~266, 270

　트로이아 전쟁 15, 23, 27, 32, 70, 78, 80, 82, 84, 94, 132, 186, 256, 262, 265

트로이젠 201

티탄신족 133, 221

파나이르 언덕 148

파르나소스 115~121, 125~127

파르테논 신전 4, 10, 215~218, 221~223

파시파에 191

파에톤 163~164

《파이돈》 142

파이윰 241~243

파트로클로스 17

파트모스(밧모) 156, 158

판 아테나이아 제전 12, 220~221

판도라 118

판아케이아 93

팔라이스트라 58, 60

페니키아 14, 182, 184, 186, 239, 251, 253~254

페르세포네 108~113, 120, 204

페르시아 13, 24~25, 103~104, 124, 126, 137, 140~141, 147~148, 153~154, 175, 186, 214~215, 218, 239~240

페리안드로스 64~65, 67, 179, 180

페리클레스 141, 215, 218, 222, 229

페이디아스 57, 59, 218

페이라이에우스(피레우스) 133

페이리토오스 204

페이시스트라토스 226

펠라 240

펠레우스 23, 70

펠로폰네소스(펠레폰네소스 반도) 11, 21~22, 28, 30, 35, 61~64, 78, 80, 89, 102, 142, 147, 218~219, 229, 239

　펠로폰네소스 동맹 141, 145, 148, 178

　펠레폰네소스 전쟁 147, 218, 229, 239

펠로피온 61

펠롭스 60~61, 80
포세이돈 27, 29, 31, 61, 73, 106, 117, 134, 143, 163, 191, 202~203, 220
포세이돈 신전 27, 31, 42, 131
포에니 전쟁 257, 259, 266
포이베 133
폴뤼네이케스 41
폴뤼클레이토스 98
푸불리우스 267
퓌르라 118
퓌토크리토스 171
퓌톤 121~122, 124, 134
퓌티아 제전 11, 28, 102, 115, 121~123, 125, 127~128
퓌티아 제전의 스타디온 (델피) 128
프락시텔레스 52
프로메테우스 70, 118, 174, 221
프뤼기아 60
프리에네 178, 180
프톨레마이오스 14, 238, 244~247, 251, 256
프티아 23
플라타이아 214~215
플라톤 71, 134, 142
플레귀아스 91
플루토니온 106~108, 110~111, 113
플루톤 106, 110
플루투스 110
피라미드 57, 165, 241~244

피사 61
피타고라스 152
피타코스 178, 180
피테우스 201
핀다로스 32, 162
필론 164~165
필립페이온 57~59
필립포스 24~25, 57~58

하게산드로스 171
하데스 94, 106, 108~111, 120~121, 199, 204, 251, 254, 262, 266
하드리아누스 황제 149
한니발 14, 257
할리카르나소스 165
헤라 29, 37, 52, 56, 60, 70, 121~122, 134, 186, 196
헤라 신전 52, 56~57, 61
헤라클레스 12, 29, 36~39, 42, 54, 80, 144, 152, 189, 204, 269
헤라클레이토스 151~152
헤라클리온 183, 189, 192
헤로데스 237~238
헤로도토스 184, 186
헤로스트라토스 153
헤르메스 52~53, 162
헤파이스토스 174, 218, 221
헥토르 17
헬레네 27, 81, 84, 186, 204, 219
헬리오스 158, 160~164,

167, 169, 174~175, 263
헬리오스 신상 160~161, 163~166
호메로스 32, 78~79, 83, 147, 218, 247
황금 가면 78~79, 82, 251
휘기에이아 93
휘드라 37, 269
히포드로모스 60
히포크라테스 95~96
힙포다메이아 50, 61~62

신화와 축제의 땅
그리스 문명 기행

1판 1쇄 펴냄 2021년 8월 30일
1판 5쇄 펴냄 2023년 4월 7일

지은이 김헌
펴낸이 김정호

책임편집 김진형
디자인 김은영
그림 하선경

펴낸곳 아카넷
출판등록 2000년 1월 24일(제406-2000-000012호)
주소 경기도 파주시 회동길 445-3 2층
전화 031-955-9503(편집) 031-955-9514(주문)
팩스 031-955-9519
홈페이지 www.acanet.co.kr
블로그 blog.naver.com/acanet2001
페이스북 facebook.com/acanet2015

ISBN 978-89-5733-745-5 03920